No ignores como Piensa tu Enemigo

Embajador Ariel Ward

Agente de Cambios

Introducción

Este libro ha sido escrito, con el propósito de traer luz de conocimiento, en cuanto al enemigo de nuestras almas. En estos últimos días hemos estado, viendo un gran incremento de la actividad demoniaca, igualmente hemos estado viendo que son pocos, los que están contra atacando y resistiendo esos ataques. Esta es la generación que se ha vuelto, reporteros activos de todo lo que el diablo le está haciendo a la humanidad, hundida en el pecado y en muchos casos a muchos llamados creyentes o cristianos. Mi deseo es que despertemos del sueño en el cual estamos, puesto que constantemente estamos viendo y escuchando de todo tipo de asuntos extraños y ataques de todo tipo contra el pueblo de Dios.

Mi deseo es recordarle que la iglesia de Jesucristo es más que vencedora, muy poderosa capacitada para discernir y vencer todo ataque del enemigo. Creo que mientras ese enemigo pase desapercibido porque se desconoce cómo apera, será invisible, y un enemigo desconocido no podrá ser derrotado. El apóstol Pablo, nos aconsejó diciendo: **"No ignoramos sus maquinaciones"**. Por mucho tiempo, él ha trabajado muy fuerte para ser invisible, pero creo que esta es una generación que está cansada de ver la condición del mundo que se nos concedió como herencia, y eso nos está llevando a conocer donde, cuando, quien y como, el opera.

Hemos sido llamados a no ser ignorantes en cuanto a cómo el piensa y opera, pues hoy más que nunca Dios está más interesado en que su iglesia despierte y se levante en el poder del Espíritu, a deshacer las obras del diablo. Estamos en los últimos tiempos, donde la brujería, el ocultismo entre otros, están en su apogeo especialmente contra la iglesia, y es ahora cuando la iglesia del Señor debe levantarse a confrontar las tinieblas con el poder de Dios y la palabra del testimonio. Así es que prepárate pueblo de Dios, porque desde el cielo hemos sido convocados, para confrontar y atar al hombre fuerte y saquear su casa, y atraer la gloria de Dios a la tierra. Así es que, "`No ignores como piensa tu enemigo`" es para esta generación y la próxima, yo estoy en el frente de batalla. Dios me ha llamado "mata gigante" ¿y a ti?

Ven conmigo y descubramos juntos lo necesario que traerá liberación a muchos en nuestra generación.

Índice

- **Uno**- La importancia de seguir instrucciones
- **Dos**- Alerta, no se deje engañar
- **Tres**- Divorciados del pasado
- **Cuatro**- El jabón de la palabra de Dios
- **Cinco**- Sensibilidad o insensibilidad espiritual
- **Seis**- ¿SI O NO?
- **Siete**- Ministros de su gloria
- **Ocho**- Dimensiones profundas y arma masiva para destruir lo aún no manifestado
- **Nueve**- Guerra de comida y casa
- **Diez**- Destruyendo el espíritu de Goliat
- **Once**- Los cultos que menos se llenan
- **Doce**- Conociendo tu adversario
- **Trece**- Sierra la puerta evitaras distracciones (1era parte)
- **Catorce**- Sierra la puerta evitaras distracciones (2da parte)

Descubrimiento # 1

La importancia de seguir instrucciones

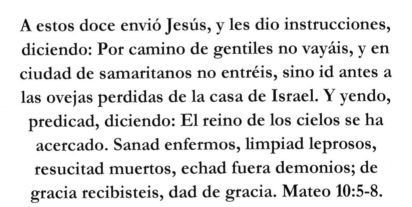

A estos doce envió Jesús, y les dio instrucciones, diciendo: Por camino de gentiles no vayáis, y en ciudad de samaritanos no entréis, sino id antes a las ovejas perdidas de la casa de Israel. Y yendo, predicad, diciendo: El reino de los cielos se ha acercado. Sanad enfermos, limpiad leprosos, resucitad muertos, echad fuera demonios; de gracia recibisteis, dad de gracia. Mateo 10:5-8.

Las instrucciones de Dios son con el fin de que la sigamos al pie de la letra, para que de esa manera veamos resultados o los resultados predichos. Si los discípulos seguían los detalles dichos por Jesús, al pie de la letra sería imposible que no hubiera sanidades, liberaciones, salvación y resurrección muertos. Ahora el mismo Dios al darnos sus instrucciones lo hace con el fin de crear en nosotros expectativas de recompensas, porque toda instrucción tiene una promesa. Una instrucción esconde los detalles que a Dios realmente le interesa que se ejecute.

Dios confía en que vamos a seguir toda instrucción, y aunque algunas veces no nos hable de lo que sucederá después o, de las recompensas, debemos seguirla en obediencia porque vendrán. Todo, al fin y al cabo, es para entrenarnos para lo mayor que este por venir, y para saber si le obedeceremos y confiaremos en él, aun cuando no haya algo a cambio. Eso formara el carácter. Pues muchas veces hacemos y hacemos y como que da la impresión que nada sucede o está sucediendo, y nos detenemos. Aquí debemos tener mucho cuidado, porque como a satanás le interesa más que andemos por vista, tratara que pensemos como Tomas, si no toco o veo, no creo. Debemos confiar en que cuando se cumplan los tiempos tan anhelados, vendrá la recompensa en una medida mayor aun de lo esperado. Así es que espere no se canse de hacer el bien, porque a su tiempo cosechará. Dios no fallara en cumplir lo que ha prometido, aunque pase el tiempo y aparente que nada sucederá, la impaciencia será la enemiga del tiempo, que se encargara de susurrar mentiras y engaños para apartarnos del lugar donde podremos tocar su manto.

Los detalles de cada instrucción son a los que Dios quiere que prestes atención

Solamente siga sus instrucciones, aunque suenen ilógicas y sin sentido, recuerde Moisés y la roca. Elías y los cuervos. Echad la red a la derecha. Sumérgete 7 veces y se te ira, la lepra. Cosas que no hacían sentido pero que por haberse creído marcaron la historia y esas personas vieron la magnífica gloria de Dios. Muchas veces lo que entendemos, fracasamos en obedecerlo.

Entienda que son las instrucciones específicas de Dios, las que cuando las obedecemos, nos lanzan a otras dimensiones de gloria, autoridad he influencia en lo sobrenatural. En capítulo 13 de 1 Samuel, daba la impresión que Dios tenía planeado que el rey Saúl fuera el reinara con trascendencia generacional y su reino fuera firme para siempre, pero para confirmar ese deseo era necesario darle instrucciones precisas para probar el corazón y su capacidad de mayordomía. Lo que se pesa en balanza y no tiene peso de gloria no puede permanecer para ser lámpara patriarcal y guía generacional. Veamos por un momento el relato:

Luego bajarás delante de mí a Gilgal; entonces descenderé yo a ti para ofrecer holocaustos y sacrificar ofrendas de paz. Espera siete días,

hasta que yo venga a ti y te enseñe lo que has de hacer. 1 Samuel 10:8.

Y él esperó siete días, conforme al plazo que Samuel había dicho; pero Samuel no venía a Gilgal, y el pueblo se le desertaba. Entonces dijo Saúl: Traedme holocausto y ofrendas de paz. Y ofreció el holocausto. Y cuando él acababa de ofrecer el holocausto, he aquí Samuel que venía; y Saúl salió a recibirle, para saludarle. Entonces Samuel dijo: ¿Qué has hecho? Y Saúl respondió: Porque vi que el pueblo se me desertaba, y que tú no venías dentro del plazo señalado, y que los filisteos estaban reunidos en Micmas, Me dije: Ahora descenderán los filisteos contra mí a Gilgal, y yo no he implorado el favor de Jehová. Me esforcé, pues, y ofrecí holocausto. Entonces Samuel dijo a Saúl: Locamente has hecho; no guardaste el mandamiento de Jehová tu Dios que él te había ordenado; pues ahora Jehová hubiera confirmado tu reino sobre Israel para siempre. 1 Samuel 13:8-13.

Al parecer el reino de Saúl, no debería terminar tan prematuro, ni de esa manera, pues podría desarrollar el potencial para que fuese establecido y fuera para siempre duradero, sin fin, hoy tal vez no se estuviera hablando de David, sino del hijo de Cis. Pero el no presto atención a las instrucciones que se le dio, para seguirlas al pie de la letra. Ese día número 7, sería el día que la historia de la familia de Cis, seria perpetua. Aunque las instrucciones no sean convenientes o sean rechazada por la lógica, tienen un propósito que transcenderá los tiempos. Mas no ignore que la presión que le puso Satanás le quebranto su fortaleza interna y lo llevo a cometer la locura que le costó el trono y la línea real de donde tal vez vendría el Mesías. Lo que cuesta desobedecer a Dios.

Usted podría ser su peor amigo o enemigo.

Ayúdese a vencerse o ayudara su enemigo a vencerle

Sigua las instrucciones, independiente que quienes tiene a favor o en contra, porque la mayor batalla o enemigo o amigo, que pueda enfrentar será usted mismo. **"Ten cuidado de ti mismo" 1 Timoteo 4:16.** Saúl era obstinado (terco pero terco) el decidía hacer algo y no había fuerza que lo parase, eso le salió muy caro. No era firme en sus decisiones, era débil en carácter y nada persistente, era un débil y cobarde. (Ser un obstinado es ser un terco. Como un animal que ve la trampa, pero no razona, pues ve algo entre ella que le parece atractivo, no se fija en las consecuencias, sino en el momento, y siempre quedan sufriendo perdidas. Ese era Saul) ¿Recuerda cuando salió con su criado a buscar las ovejas, como estuvo a punto de darse por vencido? Y gracias a su criado llegaron al profeta. Ese era el carácter de él, y de ese mal carácter quería liberarlo Dios, al darle instrucciones y hacerlo esperar. De eso debemos cuidarnos nosotros.

Lo que digas y hagas, manifiesta tu carácter.

Y tu carácter, define quien eres o en quien te hayas convertido

---

Jesús les dijo a sus apóstoles, si ustedes siguen estas instrucciones al pie de la letra, yo respaldare sus palabras y como resultado de eso, cuando reprendan un demonio o declaren sanidad o prediquen el reino de Dios yo hare la obra para que sean efectivos, y se sepa que estoy con ustedes. Yo honrare sus palabras, si ustedes honran mis instrucciones. Cada instrucción que Dios nos da, no necesariamente es agradable, pero si prometedora. Los apóstoles vieron la gloria de Dios, Saúl perdió su gloria por rebelde. ¿Qué ira a hacer usted? **Y les dijo: Id por todo el mundo y predicad el evangelio a toda criatura. Y** ellos, saliendo, predicaron en todas partes, ayudándoles el Señor y confirmando la palabra con las señales que la seguían. Amen. Marcos 16:15,20.

Descubrimiento # 2

Alerta, no se deje engañar

Sobre todo, tomad el escudo de la fe, con que podáis apagar todos los dardos de fuego del maligno. Efesios 6:16.

¿Porque Satanás tira dardos de fuegos? Porque es la única forma de introducir, sus pensamientos en las mentes para así, crear su fortaleza, desde donde pueda operar, desde un esclavización y privación de la verdad, para que se crean y una vez se aceptan, se hablen así en el tiempo y se haga una realidad para el hombre, que Dios nunca se propuso para que fuera. Él (satanás) se encargará de repetir lo mismo hasta que se le resista lo suficiente, pero de igual manera insistirá hasta que lo logre o fracase, y una vez que lo crea, él sabe que el hombre habla lo que constantemente tiene en la cabeza. El conoce en principio de las palabras, si él te puede influenciar tu mente, tiene la lengua una de las partes más importantes de una persona puesto que:

La muerte y la vida están en poder de la lengua, Y el que la ama comerá de sus frutos. Proverbios 18:21.

Jesús le añadió diciendo: **El hombre bueno, del buen tesoro de su corazón saca lo bueno; y el hombre malo, del mal tesoro de su corazón saca lo malo; porque de la abundancia del corazón habla la boca. Lucas 6:45.**

Tú serás lo que repetidamente escuches, en eso te convertirás, de eso hablaras, y a eso seguirás

---

Hará lo necesario para que nuestra boca repita lo que él dice y así destruir lo que sea o en el área donde enfoque esas palabras. Por eso Pablo le aconsejo a Tito: **Pero tú habla lo que está de acuerdo con la sana doctrina. Tito 2:1.** También nos recomendó, diciendo: **"En esto pensad" filipenses 4:8.** (Osea en la palabra de Dios). Y en el proceso resistir al diablo. Creo que, si constantemente meditamos y declaramos la palabra de Dios, Satanás no tendrá espacio para filtrar sus dardos en nuestras mentes, porque ella estará gobernada y protegida por esa palabra, por esta razón dijo esto el apóstol Pablo.

La palabra de Cristo more en abundancia en vosotros, enseñándoos y exhortándoos unos a otros en toda sabiduría, cantando con gracia en vuestros corazones al Señor con salmos e himnos y cánticos espirituales. Colosenses 3:16.

Resistid es un verbo en movimiento o presente, lo que significa es que debe hacerse constantemente para y hasta que se logre el objetivo esperado, lo contrario será un fracasó y resultara en una inminente derrota, frente a un enemigo sin poder, vencido y ya derrotado. Recuerde que Satanás tienta (tentar: viene de probar algo para ver cuál será la reacción), seduce y todo lo que hace es solo para "ver" si consigue la reacción esperada, solo entonces podrá proseguir con lo que realmente tenía planeado. Entonces descubrimos que detrás del velo de la revelación el apóstol Pablo recomienda y dice:

Por lo demás, hermanos, todo lo que es verdadero, todo lo honesto, todo lo justo, todo lo puro, todo lo amable, todo lo que es de buen nombre; si hay virtud alguna, si algo digno de alabanza, en esto pensad. Filipense 4:8.

¿Pero de que tratan esos dardos o cuál es su propósito? La palabra dardos en el lenguaje griego quiere decir, "belos" que quiere significa misil. Dardos (como los que utilizaban los indios, con veneno en la punta para poder matar o paralizar sus víctimas), jabalinas o flechas. En los tiempos antiguos esas armas eran utilizadas para dañar, matar o herir al contrincante, desorientarlo así quemar sus posesiones, y esclavizar las personas. Cuando uno de esos dardos caía sobre un soldado, lo hería y sobre todo sacaba a los soldados de la ruta de la batalla provocándoles temor.

El temor siempre te hará creer que algo es como parece.

Cuando realmente no es como aparentemente se ve. Eso es para paralizarte y esclavizarte

---

Entonces vemos que, el propósito esencial de esos dardos satánicos, es descalificar de la carrera de la fe, a los creyentes. Algo semejante hizo con Adán y Eva, en el huerto según el apóstol Pablo lo menciono: **Pero temo que como la serpiente con su astucia engañó a Eva, vuestros sentidos sean de alguna manera extraviados de la sincera fidelidad a Cristo. 2 corintios 11:3.** Permítame decirle algo que es críticos especialmente en los días que nos ha tocado vivir, Jesús dijo que muchos en los últimos días serian engañados, y aun si fuese posible hasta los escogidos. Eso es para que recordemos, que Satanás está trabajando sobretiempo, muy fuerte contra la iglesia del señor. Aunque debo recordarle y bien dejar claro, que la iglesia verdadera, jamás será destruida, porque ningunos de sus huesos serán quebrados ni su carne vera corrupción, más los miembros de esa gloriosa iglesia, deben cuidarse muy bien y no ignorar las maquinaciones de ese antigénico he inmisericorde diablo, por la agenda pesada en las que están trabajando los demonios. Esa es la razón por la cual he escrito este libro, para que por la ignorancia no seamos destruido.

El apóstol Pablo le escribió a su hijo en la fe con mucha seriedad lo que leemos: **Procura con diligencia presentarte a Dios aprobado, como obrero que no tiene de qué avergonzarse, que usa bien la palabra de verdad. 2 Timoteo 2:15.**

Según el Señor Jesucristo cuando le preguntaron sobre el fin de los tiempos y las señales de que ya esos tiempos estarían anunciando el cumplimiento de su retorno, empezó el relato diciendo. **Y estando él sentado en el monte de los Olivos, los discípulos se le acercaron aparte, diciendo: Dinos, ¿cuándo serán estas cosas, y qué señal habrá de tu venida, y del fin del siglo? Respondiendo Jesús, les dijo: Mirad que nadie os engañe. Mateo 24:3-4.**

Un dardo satánico puede venir en forma de una comedia, a través de la televisión, teléfono, un chiste, lo que miras o escuches, la impaciencia, una mala asociación, etc. Pues para que satanás pueda llegar a tu parte espiritual, primero debe persuadir tus áreas física o natural, puesto que es la única forma de crear una puerta de acceso, a donde realmente quiere llegar. Para concluir, esos dardos de fuego, vendrán de espíritus infernales que susurraran al oído de personas lo que ellos crean convenientes para contradecir y contraponerse a lo que Dios ha dicho, como en el caso de Eva, para desviar y envenenar, confundir y olvidar aquello que de antemano Dios que no miente, haya dicho.

Usaran personas con apariencia de piedad vestidos como gente de Dios que profesaran ser de Dios con consejos "espirituales", todo con el fin de introducir esas doctrinas de demonios para que las personas la crean y basen su estilo de vida en ello, pues después de eso desviarla de la carrera de la fe. ¡de esos debemos cuidarnos! **Nadie os prive de vuestro premio, afectando humildad… Colosenses 2:18.**

Esos dardos vendrán con buena apariencia palabras y pensamientos aparentemente inofensivos, que si no se disciernen hallaran una mente donde reposar, poner su oficina y desde allí operar. Recuerde que hay pensamientos que parecen inofensivos pero que al final causaran la muerte. **Incuban huevos de áspides, y tejen telas de arañas; el que comiere de sus huevos, morirá; y si los apretaren, saldrán víboras. Isaías 59:5.** Ellos se manifestarán con dudas, temores, indecisiones, confusiones, afanes, preocupaciones, es por eso que, si usted no está dispuesto a que la paciencia tenga su obra completa, y se desespera hasta el punto de tratar de hacer las cosas con sus propias fuerzas, caerá en el lazo del diablo, será engañado y descalificado, afectando su vida.

Discierna, discierna, discierna, deje de perder el tiempo y conságrate para Dios y llénese de su palabra, porque los tiempos están peor de lo que usted se pueda imaginar, están sucediendo cosas en otras partes del mundo que usted ni se imagina, si tiene la oportunidad usted, de vivir para Dios con libertad, haga todo lo que haga para su gloria y cuide su mente porque hay una batalla por ella. Lo que la serpiente de satanás diga puede que suene "bueno" (pero ninguna verdad procede de mentiras con apariencia de piedad) recuerde la naturaleza de una serpiente es envenenar, ella seguirá siendo una serpiente con veneno mortal, créale a Dios y determínese a servirle sobre todas las cosas, lo que no proviene de Dios deséchelo.

Compre la verdad y no la comprometa

Descubrimiento # 3

Divorciados del pasado

¿Quién nos separará del amor de Cristo? ¿Tribulación, o angustia, o persecución, o hambre, o desnudez, o peligro, o espada? Como está escrito: Por causa de ti somos muertos todo el tiempo; Somos contados como ovejas de matadero. Antes, en todas estas cosas somos más que vencedores por medio de aquel que nos amó. Por lo cual estoy seguro de que ni la muerte, ni la vida, ni ángeles, ni principados, ni potestades, ni lo presente, ni lo por venir, Ni lo alto, ni lo profundo, ni ninguna otra cosa creada nos podrá separar del amor de Dios, que es en Cristo Jesús Señor nuestro. Romanos 8:35-39.

Una persona que vive en el pasado, nunca ve el futuro hacia dónde va o debería ir. Si Satanás no te pudo matar y mantener cautivo donde te tenía, te aprisionara y a la vez te dejara ir libre, para que siempre estés buscando en la "liberta", aquello que te entretenían y con que te cautivaban cuando eras su esclavo. ¿Recuerda lo que los israelitas decían en el desierto?

Y toda la congregación de los hijos de Israel murmuró contra Moisés y Aarón en el desierto; y les decían los hijos de Israel: Ojalá hubiéramos muerto por mano de Jehová en la tierra de Egipto, cuando nos sentábamos a las ollas de carne, cuando comíamos pan hasta saciarnos; pues nos habéis sacado a este desierto para matar de hambre a toda esta multitud. Éxodos 16:2-3. ¿Se fijó en esto? Las personas que han sido liberadas, corren el peligro de no ser libres, porque siendo libres se ahogan en su esclavitud, pues aun en su libertad buscan lo que los mantenían consolados en los tiempos de su cautividad. Libertad, no es estar fuera del lugar del cautiverio o lejos del opresor, sino estar intrínsecamente libre, nuevo y transformado.

Pues si alguno esta, libre en Cristo, es nueva criatura. Ser libres, quiere decir, que ni los recuerdo del pasado opresor, me lleva al lugar de la opresión, creando inestabilidad emocional, al regresarme emocionalmente a los tiempos de la opresión. Nadia es libre, hasta que se haya auto libertado. Salgase desde adentro hacia fuera, del lugar de su esclavitud, sea libre por la unción del Espíritu y la palabra.

> Que te parece si te digo, que la libertad para muchos se puede convertir en su peor pesadilla

---

Una persona no es libre, hasta que no sea libre. El problema de Satanás no es tanto si ya no eres parte de su sistema mundano, sino que seas verdaderamente libre de él. Que, aunque ya no formes parte de su asociación, mantengas dentro de ti los recuerdos de los "mejores momento" que en su cautividad te hizo pasar. **Nunca digas: ¿Cuál es la causa de que los tiempos pasados fueron mejores que estos? Porque nunca de esto preguntaras con sabidurías. Eclesiastés 7:10.** El pasado es una cuerda larga atada al cuello, que te permitirá ir lejos, pero no te dejará avanzar, porque siempre te devolverá al sistema del cautiverio, matándote y a la vez dejándote con vida.

Necesito que usted note esto que dijo el apóstol Pablo, porque resulta muy interesante ver que entre la lista de las cosas que no nos puede separar de amor de Dios no está el pasado. **Ni lo presente, ni lo por venir. (Verso 38).** ¿Por qué? Porque el pasado es algo conque nosotros debemos tratar, debido a que, si las cosas viejas pasaron y todas son nuevas, ya Dios hizo su parte ahora debemos voluntariamente renovar nuestra mente y someternos a su palabra, y soltar toda carga de las cuales nos despojó en la cruz del calvario.

Usted no es totalmente libre hasta que su pasado no esté en su presente y amenace con repetirse en su futuro. Hay muchos que físicamente están en el presente, pero siempre andan añorando los días del ayer, esos límites del pasado esa "buenas" cosas del pasado fueron "buenas" pero si quiere ver cosas mejores de Dios debe estar donde él está y hacer lo que él dijo.

El pasado es una cuerda larga atada al cuello, que te permitirá ir "lejos" pero no te dejará avanzar

---

Isaías 43:18-19. No os acordéis de las cosas pasadas, ni traigáis a memoria las cosas antiguas. He aquí que yo hago cosa nueva; pronto saldrá a luz; ¿no la conoceréis? Otra vez abriré camino en el desierto, y ríos en la soledad. Los grandes milagros de Dios pueden nunca llegar a ti si mantienes tu mente en el lugar de los hechos pasados. Suelta el ayer, que no hay futuro en el pasado. El apóstol lo diría; el pasado "si" te puede separar del amor de Dios (o sea de Dios mismo).

Porque cuando te empeñas en hablar y recordar esos lugares y eventos, los buenos lo vuelves a disfrutar y los malos te vuelven a reclamar. Pues le perteneces a lo que prevalezca en tu mente. Nunca diga que la vida de allá fue mejor que la de acá, por eso muchos de los israelitas murieron en el desierto, porque no le permitiría Dios entrar en un nuevo tiempo, con una mentalidad vieja; eso sería desastroso, porque si se les hubiese permito el acceso a ese lugar, la tierra tomaría la forma de sus habitantes.

Cuando usted entiende que la creación es inocente, se dará cuenta que la necesidad de hombres y mujeres de Dios en posiciones geográficas es muy importante.

La mentalidad de los hombres crea la atmosfera donde se mueven

¿Qué futuro hay en el pasado? Ninguno, nunca ha habido.

Dios no le confiara su buen vino, a viejos recipientes. ¿Por qué? Porque lo viejo siempre, siempre echara a perder lo nuevo. Para que sufrir pérdidas innecesarias, renovemos nuestra mentalidad y seremos aprobados por el Espíritu de Dios, para que lo nuevo se nos sea confiado y pueda ser disfrutado. **Mateo 4:17. Desde entonces comenzó Jesús a predicar, y a decir: Arrepentíos, porque el reino de los cielos se ha acercado.** El reino era algo nuevo, que Jesús lo presentaba como cultura y doctrina, y para que pudieran recibir lo nuevo de Dios, la mentalidad tenia que cambiar. Eso hoy no ha cambiado. ¿Sabía usted que, en estos momentos, hay un sin número de personas que están esclavizados sufriendo, por sucesos de hace 5, 15, 15, 30, años atrás? Penoso he inconcebible.

Los demonios, se gozan cuando las personas reúsan dejan ir aquello que Dios, aborrece. Nuevamente citamos: **Nunca digas: ¿Cuál es la causa de que los tiempos pasados fueron mejores que estos? Porque nunca de esto preguntarás con sabiduría. Eclesiastés 7:10.** Ellos saben que, al alabar el pasado, no estamos procediendo con sabiduría, (pues estaremos dando honor a aquel que influenciaba nuestra conducta para hacer todo lo que ofendía a Dios) y que en ese pasado estuvimos cautivos y muertos por el pecado, todo lo que hacíamos lo hicimos desde las tinieblas, éramos malos hijos de desobediencia, y por esa razón no existe nada allá que glorifique y nos conecte a lo que Dios ha preparado para darnos. Solo por esa razón el pasado tiene el potencial de separarnos de Dios. Por esta causa debemos recordar lo siguiente: **De modo que si alguno está en Cristo, nueva criatura es;**

las cosas viejas pasaron; he aquí todas son hechas nuevas. 2 corintios 5:17.

Descubrimiento # 4

El jabón de la palabra de Dios

¿Con que limpiara el joven su camino? Con guardar tu palabra. Salmos 119:9.

Mientras más obediente soy, más puro es mi corazón y mientras más puro es mi corazón más soy como Cristo y mientras más tengo de Dios, y mientras más tengo de Dios, más recibo de él, para poder impartirle a mi generación. La fe no puede fluir a través de un corazón contaminado y enemigo de la palabra de Dios, la fe solamente honrara aquellos que honren su palabra, porque ella depende de esa palabra, ella es hija de esa palabra. **Así que la fe es por el oír, y el oír, por la palabra de Dios. Romanos 10:17.**

Dios solamente honrara, a los que honren su palabra. **"Mas ahora ha dicho Jehová: Nunca yo**

tal haga, porque yo honraré a los que me honran, y los que me desprecian serán tenidos en poco". 1 Samuel 2:30. Porque no sólo ella lo representa, sino que ella es quien El mismo es en esencia. Cuando el habla su palabra, de sí mismo habla y cumple lo que de sí mismo a hablado. Más cuando la desobedeces, no es una simple palabra que has desobedecido o la palabra de tu líder, sino contra su propia presencia, es contra la cual te estas rebelando, y por lo tanto maltratarás la fe que obra por el amor y como todo será hecho conforme a la medida de tu fe, nada te será posible.

Un corazón puro restaura la imagen de Dios

En fin, un creyente no podrá vivir en la pureza he integridad de Dios, lejos de su palabra al desobedecerla, tratando de implementar sus propios medios de santificación. ¡Hasta suena como una locura! Adán y Eva, trataron de crear su propia forma de purificación cuando pecaron, pero cuando Dios los encontró, sus pecados estaban a flor de piel, porque la manera de Dios siempre será y es la correcta. Entonces es importante que la palabra de Dios sea nuestro pan diario, ella debe ser nuestro pan de mañana, almuerzo al mediodía y cena al atardecer, de otra manera sufriremos dolores, y contaminación porque lo único que puede sanar de los azotes del pecado y las heridas de la vida a una persona, es la totalidad de la palabra de Dios. Así es que:

No seas sabio en tu propia opinión; Teme a Jehová, y apártate del mal; Porque será medicina a tu cuerpo, Y refrigerio para tus huesos. Proverbios 3:7-8.

La manera de Dios siempre será la correcta

La iglesia del Señor Jesucristo debe entender que es necesario que volvamos a los principios fundamentales, teológicos profundos de la palabra, basta de mezclas. ¿para que mezclar la palabra de Dios, si ella es suficiente? Cristo no tiene compañerismo con belial, su palabra y solo su palabra es más que suficiente, para hacer lo que se haya propuesto hacer. Toda mezcla solamente produce emocionalismo, motiva y alimenta temporal, pero no salva, transforma, ni puede combatir contra el pecado, no trae convicción de pecado para arrepentimiento, la única fuente confiable aprobada por el cielo, es lo que salió de la boca de Dios, no hay otra revelación. El problema con muchos es que han llegado a creer que la casa de Dios es un centro de entretenimiento o un centro de rehabilitación, cuando la iglesia con la pura, infalible he inmutable palabra del único y sabio Dios está para provocar lo que describió Jesús en:

Lucas 4:17-19. Y se le dio el libro del profeta Isaías; y abierto el libro, hallo el lugar donde está escrito: El Espíritu del Señor esta sobre mí, Por cuanto me ha ungido para buenas nuevas a los pobres; Me ha enviado a sanar a los quebrantados de corazón; A pregonar libertad a los cautivos, Y vista a los ciegos; A poner en libertad a los oprimidos; A predicar el año agradable del Señor.

Es tiempo de volver a la palabra de Dios. Jesús dijo en **Mateo 5:8. Bienaventurados los de limpio corazón, porque ellos verán a Dios**. No hay otra fuente capaz de purificar el corazón y mantenerlo puro hasta el retorno del Señor Jesucristo, que la palabra de Dios. Santiago añadió: **Pero sed hacedores de la palabra, y no tan solamente oidores, engañándoos a vosotros mismos. Santiago 1:22**. Esa palabra poderosa discierne lo que estés pensando hacer y te hablara el Espíritu Santo, antes que lo hagas para prevenirte de amargas consecuencias; pero eso solo sucederá cuando vivamos y nos mantengamos en la palabra no adulterada, ese deseo de servirle al Padre hará que la palabra junto con el Espíritu Santo, trabaje con celo ardiente en guardarnos de toda especie de mal. Seremos prevenidos del mal muchísimo ante que llegue cerca de nosotros.

Hay una bienaventuranza para aquellos que leemos la palabra de Dios en el libro de apocalipsis, pero hay muchísimas para aquellos que obedecen esa palabra. Entienda usted, que en el principio cuando esa palabra la hablo Dios, fue con el único propósito de crear, y cuando esa palabra entra en un corazón dispuesto a agradar a Dios, ella crea poco a poco el carácter de Cristo. Me gustaría que entendiera que el efecto que usted permita que la palabra haga en usted es el mismo efecto que hará en su audiencia cuando salga por su boca; ella es como una espada de dos filos, ella corta en usted y penetra los corazones que a usted lo escuchen. Ella lo honrara, a la medida que sea honrada.

Ella será efectiva cortando, desde su boca, lo que ya haya cortado en su corazón

---

Imagínese usted pesando 800 libras y vendiendo un producto para adelgazar, ¿cree que lo podrá vender? La gente siempre querrá ver los efectos de ese producto en el que lo vende. ¿Verán las personas que usted ministra los efectos de la palabra que les predica, en usted? Examínese tal vez sea esa la razón por la cual esta frustrado porque no ve cambios.

La palabra de Dios, es el discernimiento de Cristo en esencia, y cuando está en nosotros nos ayuda a diferenciar las cosas desde una perspectiva Cristo céntrica

---

Por favor, ya pase de leer la palabra de Dios y de estudiarla para predicarla o contender o para aprenderse versos solamente, eso es bueno, pero mejor es meditarla y obedecerla, eso es noble y digno de recompensar, de esos hay muy pocos, todos la leen, todos la quieren predicar, pero son poquísimos los que realmente la aman para obedecerla. Cuando la ames y obedezcas ella te revelara los misterios del reino que están ocultos en ella. **Y él dijo: Antes bienaventurados los que oyen la palabra de Dios, y la guardan. Lucas 11:28.** (La palabra guarda, también es traducida obedecen)

Lo fácil es aprenderse versos de memoria, lo difícil es que esos versos controlen nuestra conducta y que el espíritu de esa palabra forme nuestro carácter

---

El apóstol Pedro nos dejó por escrito de esta manera: **Porque escrito está: Sed santos, porque yo soy santo. 1 Pedro 1:16.** Yo sé que estos temas de santidad han pasado de moda, ya nadie los quiere hablar en público, hoy hay tantos estudios y manera diferente de decirle la verdad de Dios, a esta generación que muchos utilizan métodos y palabra muy diplomáticas para expresar esa verdad, cuando nuestro Señor nunca lo hizo de esta manera. Creo que si algunos de los apóstoles y Jesús estuvieran aquí hoy, los hubiésemos crucificado, porque ellos fueron radicales, su visión, compromiso y causa, era la de Dios y para realizar los propósitos de Dios, ellos pusieron sus vidas en la línea de la muerte todo con tal de ser y decir lo que Dios les había ordenado (hay como los hubiesen destruidos en YouTube los religiosos). Pero desde esta plataforma, respaldo lo que Jesús les dijo a los hipócritas de su época: **Os digo: No; antes si no os arrepentís, todos pereceréis igualmente. Lucas 13:3.** Es tiempo de enseñar y predicar la palabra de Dios sin disfrazarla, sino como lo indique el Espíritu Santo.

Cuando la verdad ofende es porque no se está viviendo de acuerdo a ella. Eso significa que hay algo que cambiar

---

Yo declaro que te separas de ese espíritu de desobediencia y vagabundería, ese espíritu de pereza y de afán, que te esclaviza para que tengas tiempo de hacer todo y demasiado, y no tengas tiempo para Dios. Obediencia es mejor que los sacrificios, no lo olvide. Dios está buscando gente con la actitud de María que dejen todo y se tiren a los pies del Espíritu Santo, para escuchar su voz, o solo para estar con su amado, contemplando la hermosura de su santidad, Dios todavía es santo, purifíquese usted para que sea como El y vea su rostro.

Y usted joven guarde la palabra su corazón, para que Cristo pueda usarle como un vaso de honra, apártese de la pornografía, fornicación, drogadicción, alcoholismo, deje la tv un tiempo, el celular, la internet apáguela unos días, deje de contaminarse y sea de Dios, que su belleza y fuerza un día dejaran de ser. No desgracie su vida viviendo como si Dios no existiera, no sea rebelde que ese es un espíritu, que te hace creer que tú eres el que está en control cuando no es así, Satanás solamente te tiene engañado. Pero yo declaro que toda cadena de engaño y rebeldía es rota en el nombre de Jesús, eres libre, para obedecer al Señor y Dios porque fuiste creado con un propósito poderoso y no morirás prematuro, el día que mueras será solamente para descansar de tu obra y para recibir la recompensa por tu obediencia.

Descubrimiento # 5

Sensibilidad o insensibilidad espiritual

¿En que se ha convertido después de tanto tiempo?

El temor de Jehová es aborrecer el mal; La soberbia y la arrogancia, el mal camino, Y la boca perversa, aborrezco. Proverbios 8:13.

Y por haberse multiplicado la maldad, el amor de muchos se enfriará. Mas el que persevere hasta el fin, éste será salvo. Mateo 24:12-13.

La insensibilidad espiritual, te puede llegar a descalificar. Una persona insensible, es una que ya no siente dolor, pena, ni misericordia, por lo demás. La palabra de Dios registra con mucha frecuencia que Cristo era movido a misericordia. Decía muchas veces, tengo compasión por la gente, entonces eso le movía a actuar de acuerdo a la necesidad que la gente presentaba, conforme al plan de Dios.

La falta de temor da lugar a que la maldad tome lugar en el corazón donde nunca debería, porque se supone que es allí donde solo Dios debe morar. El único trabajo de la maldad en este mundo es enfriar el amor de los hijos de Dios. Eso será posible cuando se pierda toda sensibilidad espiritual, el hambre y sed por lo santo, puro y honesto, por ser negligentes, en nuestra consagración y devoción hacia el Señor.

Muchos están viviendo la era de los leprosos. Lamentablemente muchos forman parte de la generación de víboras

---

Una persona fría, es una que no se conmueve, que no se duele cuando ofende a otra o a Dios, que no es movida a misericordia por los de peor condición, que peca y ya no le duele como antes, que ya no mira el pecado como lo mira Dios, que ya no llama el pecado como lo que es, que si se congrega o no, le da igual, que cuando están en las reuniones conversan, se burlan de los errores de los demás, se duermen, no adoran, ya no está ese fervor por su presencia, ahora Dios puede esperar, porque El entiende y se acuerda que somos polvo. Esa es la mentalidad un frio, espiritualmente hablando.

Por eso los leprosos eran sacados del campamento, y no podía formar parte del mover de Dios, porque se habían vueltos insensibles y su condición era contaminadora si permanecían muy cerca; la lepra se comía la piel y la carne misma destruyendo los nervios hasta el punto de que ya no sentía, solo el dolor y la angustia por su condición. Eso los volvía un cubo de hielo. Y un solo cubito de hielo puede enfriar un té muy caliente.

Jesús hablo acerca de la generación de víboras. Esa es la generación de personas frías espiritualmente, que viven en una condición muy baja que no pueden percibir nada de Dios. Así como la serpiente siempre tiene la lengua afuera, así son muchos que no pueden dejar de criticar, mentir, chismear, y mantener su lengua en su boca, ellos son fríos como la serpiente saben mucho de Dios, pero nunca se entregan realmente a lo que saben. Viven para envenenar los demás con lo que sale de su corazón, por eso Jesús no les dio chance a los escribas y los fariseos, ellos tenían mucho conocimiento, pero no sabían usarlo para la gloria de Dios.

Hoy muchos quieren hablar la lengua del Espíritu, pero no tienen control de su misma lengua

Cuando el rey Nabucodonosor derribó el muro de Jerusalén en el año 617 A.C. Nehemías lloro por el muro y fue él, quien Dios uso para levantarlos. En el área en la que seamos sensibles, será en el área en la que Dios nos usará. (Lo opuesto también es lo cierto). Solo lo que sale de ti, podrás criar, la madre del niño que el Rey Salomón estuvo a punto de partir, sintió el dolor en sus entrañas y se conmovió por ello y el favor del rey fue con ella devolviéndole el niño y ella pudo criar el fruto de su vientre. La insensibilidad, te podrá producir la perdida de las cosas que valen la pena y personas que amas.

Muchos solo quieren algo de Dios. Siempre están viendo que pedir, pocos tienen deseo de darle a Él. Todos quieren que él le habrá la mano, son muy pocos los que desean que él les revele su corazón. Son pocos los que realmente confían en él, ya el nombre de Dios y su hijo Jesús, no les da la seguridad y la confianza, porque la insensibilidad y la familiaridad de ser creyentes mucho tiempo, marchito la forma como lo miran, y ya no le miran como el realmente es. Más rápido le creemos a un abogado, un doctor, un hombre o mujer, que a él y a un hombre de Dios. Pero yo todavía le creo y moriré en la línea de la fe. Porque yo sé a quién he creído y entiendo que al que le cree todo le es posible. La insensibilidad espiritual mata todo intento de fe, y a Satanás le conviene porque sabe que sin fe morimos, y el que verdaderamente es justo, no vive por lo que come sino, por lo que cree. La sensibilidad nos mantendrá anuente a la voluntad del cielo y como embajadores del reino en la tierra con un mensaje fresco que cambie el rumbo de esta generación.

Una iglesia sensible, es aquella que se mantiene alerta a los cambios, guía, ciclos y moveres y propósitos del Espíritu Santo

---

Jesús entra en la casa del fariseo; y a ellos nos les importo quién era el, lo trataron con desprecio e indiferencia, no lo honraron. Y la persona que le honro fue la que él aprobó. Lo que no honres perderás la bendición de beneficiarte de ello. Te apropiaras solamente de lo que te atrevas a honrar. El que honra a un profeta bendición de profeta recibirá. Esta es una ley espiritual.

Satanás puede entretenerlo y desenfocarlo para enfriarlo, hasta el punto de tener al Señor enfrente y no reconocerlo ni saberlo. O puede llevarlo al punto de que reconozca al Señor y tenerlo frente saberlo, pero no honrarlo con un espíritu de reverencia. Por eso vemos muchos en los templos en un momento profundo de adoración, donde el Espíritu se está moviendo de una manera muy especial y ellos estas expectantes como si nada estuviera pasando. El ignorar su presencia y tratarlo como un invitado más, es una evidencia del enfriamiento y la insensibilidad espiritual y eso puede matarnos, (o podría ser ya el resultado de su condición de muerte espiritual) cada vez que le honró porque está presente, me transfiere su vida y soy aprobado por el. ¿Entiende esto?

Si la atmósfera que le creamos en casa y dentro nuestro, no es la conveniente, él no se quedara. David transportaba el arca, con un buen corazón y buena intención, pero de la manera incorrecta, rompió el protocolo del cielo; y no le quedo de otra que deshacerse del arca por temor, el debería entender, que la manera de Dios siempre es la mejor.

Él se quedará donde sea apreciado y honrado

A todos los sedientos: Venid a las aguas; y los que no tienen dinero, venid, comprad y comed. Venid, comprad sin dinero y sin precio, vino y leche. Isaías 55:1.

En el momento que usted pierda la pasión y el deseo por su presencia y lo santo, se muere, aunque siga congregándose. El requisito es mantener el hambre y la sed por la presencia de Dios. Esa hambre y sed debe ser insaciable. El que una persona se congregue muchas veces no significa nada, a Dios le interesa en ciertos casos, tus reacciones, que tus acciones. ¿Cuáles tu reacción frente al mensaje que se predica? Una buena acción es asistir a los cultos, pero entienda que después del culto Dios está pendiente a su reacción, frente a lo que se predicó. Por eso dijo; este pueblo de labios me honra, pero su corazón está lejos de mí. Podríamos decir, que cantaban bien, pero que la palabra no había tenido ningún efecto en sus corazones, y eso lo reprobó el Señor. Usted conoce algunos pasajes mejor que yo; cuando Jesús les decía; ustedes no vienen por el pan eterno, sino a llenarse de lo temporal, ustedes viven para satisfacer necesidades naturales y eso los matara. El apóstol Pablo, le reprochó a los hermanos de Corinto que, si tenían hambre que comieran en sus casas, porque hacían del sacramento santo del Señor, una fuente para llenarse del vientre sin conocer la revelación y el propósito de lo que se hacía. Es tu reacción la que a Dios les interesa. Las acciones muchas veces no significan absolutamente nada para Dios.

Porque la palabra de Dios es viva y eficaz, y más cortante que toda espada de dos filos; y penetra hasta partir el alma y el espíritu, las coyunturas y los tuétanos, y discierne los pensamientos y las intenciones **del corazón. Hebreos 4:12.** (énfasis añadido)

Solamente los sedientos por quien Él es, recibirán una revelación de la fe que purifica el alma

¿Recuerda a Pedro y Juan en monte de transfiguración? Es posible que tengamos algo por tanto tiempo que llegue a formar parte de lo mucho que tenemos. Que, aunque tenga valor llegue a perderlo, por la desvalorización y la familiaridad. Si tiene usted muchas botellas, una mas no le va ni le viene; pero si tiene la única o la última, aunque no tenga valor en ese momento usted le da un valor significativo, porque es la única que queda. Igual con el Señor, cuando mantenemos en mente que él es el único que necesitamos a él siempre honraremos y a partir de allí, él le dará la sabiduría para tratar con las otras cosas.

Todo lo que no debería y se convierte en una costumbre pierde su valor, cuidado, significado y propósito

---

Estamos tan acostumbrados a ir a los cultos que ya no vamos con la actitud y el espíritu correcto, y no crecemos. Pasan 10, 20, 30, minutos extra y estamos que nos morimos, pero la tv, Internet, la cama, etc. No producen vida alguna, y pasamos más tiempo con ellos y no nos quejamos. ¿Sensibles? ¿A qué? ¿Qué lugar ocupa Dios?

Estamos tan acostumbramos a la idea de que vemos al pastor y se ríe y chistea un poco que ya no lo honramos como el hombre y mujer, que Dios ha ungido para desatar una palabra sobre nuestras vidas.

Estamos tan acostumbrados a hablar de Dios que otra conversación, no nos causa temor ni sensación de reverencia ni santidad alguna.

> Oh siempre oímos el nombre de Jesús, que ya es tan familiar entre nuestro vocabulario que ya ha perdido su valor entre nosotros

---

Lo demonios tienen que enseñarnos, que cuando ellos escuchan ese nombre sus entrañas no le dejan estar en paz, todavía ese nombre tiene poder, aunque estemos con él y le mencionemos al final de cada oración ese nombre es sin igual, todavía mi cuerpo tiembla cuando menciono ese nombre, todavía la creación responde a ese nombre, todavía Satanás le teme a ese nombre. Todavía nadie llega al Padre fuera de ese hombre. Pero la iglesia ya no reacciona al oír el nombre poderoso de Jesús. Desato sensibilidad espiritual en su vida, en el nombre poderoso de Jesús. Amen.

Descubrimiento # 6

¿SI O NO?

SI o NO son palabras que forman el carácter de los hijos

Pero sea vuestro hablar: Sí, sí; no, no; porque lo que es más de esto, de mal procede. Mateo 5:37.

En aquellos días, como creciera el número de los discípulos, hubo murmuración de los griegos contra los hebreos, de que las viudas de aquéllos eran desatendidas en la distribución diaria. Entonces los doce convocaron a la multitud de los discípulos, y dijeron: No es justo que nosotros dejemos la palabra de Dios, para servir a las mesas. Buscad, pues, hermanos, de entre vosotros a siete varones de buen testimonio, llenos del Espíritu Santo y de sabiduría, a quienes encarguemos de este trabajo. Y nosotros persistiremos en la oración y en el ministerio de la palabra. Hechos 6:1-4.

No permitas que lo que para otros es urgente, se convierta o lo conviertan en tu prioridad. Para las personas todo favor que necesiten se debería hacer, en el mismo momento que lo piden, y cuando no puede ser así, se enojan y te conviertes en un candidato más en su lista negra. No te sometas a los malcriados, ignóralos como lo hizo Jesús. Si tú no conoces tu propósito, serás el instrumento que se dedique a realizar las tareas de los demás y nunca descubrir para culminar el tuyo.

La esposa del Rey Salomón expreso: **Los hijos de mi madre se airaron contra mí; Me pusieron a guardar las viñas; Y mi viña, que era mía, no guardé. Cantares 1:6.** Este verso es muchísimo más serio de lo que podría imaginar.

Este es el tiempo donde debes identificar las prioridades de las urgencias, que no, son las prioridades en el tiempo de Dios, para ti. Y aún de cosas que puedan salir de repente. Jesús oyó de Lázaro y no fue hasta después de 2 días, porque, aunque parecía urgente el caso, para Dios tenía su tiempo. Porque estaba fuera de su agenda para ese momento, esa espera tenía un propósito que no podía ser adelantado, ni violado. Paciencia, paciencia, paciencia. La paciencia revelara el gran propósito de Dios. La impaciencia lo ocultara.

El tiempo de la espera, revela lo oculto del corazón

¿Por qué? Porque cuando conoces tu propósito, lo que necesitas para realizarlo se te es facilitado, y nada te desespera, distrae o desenfoca (o por lo menos debería ser así) porque sabes que eres un agente diseñado para llevar soluciones. Jesús entendía que todo tiene un tiempo, aun lo que aparenta violar los códigos de los eternos propósitos de Dios, en ámbito natural.

Dios no se mueve por las urgencias de los hombres, sino por sus propósitos eternos. Ya Dios trazo un plan, porque conoce todas las cosas. Aplica templanza, Dios no tiene apuros

---

No dejemos que cualquier cosa que amenaza con ser urgente nos saque del carril de la perfecta voluntad de Dios. Discierne los tiempos de Dios y enfócate en tu propósito. Debes ser serio con esto y no permitir que te desvíen de lo que Dios te comisiono para hacer, y te lleve a vivir haciendo algo a lo cual Dios nunca te llamo a hacer. ¡No pierdas el tiempo! Jesús lo entendió cuando dijo, que vivamos para honrar nuestros dichos. Si sea sí. No sea no. Los apóstoles entendieron esto también y no se dejaron mover de su posición. Las cinco viudas, no permitieron que la negligencia de las demás, se les convirtiera en su responsabilidad ni su desgracia. Espero que entienda esto.

Ahora, no estoy con esto promoviendo el ser insensibles a la hora de ayudar a alguien, sino el ser sabios y entendidos para reconocer que independiente de… Dios es primero. Con esto no descartamos que inconvenientes pueden llegar a acontecer, que deben atenderse.

Pero entienda que sus urgencias, no necesariamente son mías, (aunque tenemos que llevar las cargas los unos a los otros. Debemos también entender que eso debe ser bajo la guía del Espíritu de Dios, de otra manera las personas se volverán irresponsables y negligentes) así es que no la puedo hacer personal, porque muchas veces los errores de las personas, las quieren llevar para que otros las tenga que solucionar. Dios no trabaja así. Es tiempo de asumir responsabilidad, por sus acciones y negligentes reacciones.

Siempre serás arrastrado por cualquiera corriente, cuando no sabes en qué dirección nadar

---

La Biblia repite mucho, el que todo se haga para edificación.

La ignorancia siempre nos llevará a ser esclavos de los que saben más y mejor que uno. Edúquese para que su, Sí o su No, no se le conviertan en su peor y mayor tormento. Nuestra vida debe rodear en el sí o no, sin sentirnos culpables de las reacciones que enfrentemos. Cuando el Señor, nos dice que nuestro si sea si y nuestro no sea no, es con el propósito de que seamos firmes en nuestros dichos, para que nuestras palabras sean con peso y no pierdan su valor. Créame no todos entienden o entenderán esto, pero a usted le digo sea firme en sus dichos; porque muchos que en el algún momento le dijeron, que si a alguien sufrieron amargas y otras consecuencias, y otros que por decirle no, no puedo, a las personas equivocadas perdieron grandes oportunidades. ¡Es tiempo de ser sabios, en cuanto a la voluntad de Dios! No permita que una mala experiencia le cierre el corazón hasta el punto de no discernir a quien y en qué momento ceder un buen si o un bendecido no.

Las 5 vírgenes nos enseñan, que la negligencia de los demás no se puede convertir en nuestra responsabilidad ni cargas. Que no es por sentimiento sino por el propósito y carácter de Jesús formado en nosotros. ¿Sí o no? El justo por su fe vivirá, no por sentimiento ni emociones. Pues por un buen sí o no, serán librados de muchas cosas y serán bendecidos para bendecir.

Si lo que estoy haciendo es más importante, que lo que tú quieres que yo haga, no te enojes que no me voy a mover. (Recuerda el caso de Marta y María) estas cosas hay que aprenderlas y asegurarse que lo que hacemos diariamente produzca frutos, sino estarás peor que cualquiera. Ya no se puede seguir creyendo que mientras mas ocupado estoy, mas espiritual me hago. Al contrario, esa era la trampa en la que quería meter el diablo, a los apóstoles, llevándole a servir mesas cuando Dios los había llamado a hacer otras cosas. No cree un propósito para vivir, viva conforma al que Dios diseño para que viva.

La negligencia de los demás no se puede convertir en nuestra desgracia. ¡No!

Nunca te involucres ni te enredes con personas ni asuntos donde no hay propósitos. Se sabio, un buen no, en el tiempo correcto te puede acercar a Dios y un mal si, en un mal momento, te puede desviar. Se guiado por el Espíritu Santo. Y recuerda que un sí o no, te puede hacer una conexión que si no tienes cuidado te podría causar un buen corto circuito.

Descubrimiento # 7

Ministros de su gloria

Ministrando éstos al Señor, y ayunando, dijo el Espíritu Santo: Apartadme a Bernabé y a Saulo para la obra a que los he llamado. Entonces, habiendo ayunado y orado, les impusieron las manos y los despidieron. Hechos 13:2-3.

La Palabra ministrar traducido a nuestro idioma significa: Satisfacer la necesidad de... o satisfacer una necesidad. Fue esa la razón por la cual el Señor Jesús, dijo: que él no había venido para ser servido, sino a servir. ¿Por qué lo dijo? Sencillo, porque el siempre entendió el concepto, de ser ministro y embajador del Reino de su Padre en la tierra.

Ahora bien, adorar significa: Rendir culto a Dios. En este sentido. (Culto- viene de la palabra latín cultus, que quiere decir: cultura o colonizar. Lo que significa, es que un territorio es tomado y transformado, por gente que no es de allí, porque un pueblo que adora atrae la presencia de Dios, que los llevara a traer la cultura del reino colonizando la tierra o un área en particular). Lo que significa es que los verdaderos adoradores tenemos la bendición y la autoridad de establecer el gobierno del cielo, en la tierra donde adoramos o ministramos al Señor. También que somos responsables de arrancar las plantas que Dios no sembró y sembrar la buena semilla del reino; para que los frutos creen los cambios y las transformaciones.

Cada vez que usted hace un acto vocal y corporativo de adoración y su vida es un tabernáculo que respalda sus palabras, usted está manifestando la cultura y el carácter del reino de Dios, y se está poniendo a disposición su vida, para ejecutar su voluntad y cumplir sus propósitos. Yo todavía creo que el Dios de la biblia, está dispuesto a hacer las mismas obras que hacían los apóstoles, solamente esta buscando quien este dispuesto a rendirlo todo, para ganar su generación para Cristo. Yo creo que la palabra, obra.

Adorar no es algo que yo hago, es en quien me he convertido en esencia, en espíritu y verdad

---

¿Sabía usted que la única arma que posee Satanás es su lengua? Con ella intimida, insulta, atemoriza, engaña, mata, roba... Y los hombres que aceptan sus palabras como su realidad, se convierten en los tentáculos con que él puede alcanzar este mundo. Por esos los cinco ministerios no son para satisfacer nuestras necesidades personales, sino para preparar las generaciones y así puedan traspasar un legado a la próxima.

Un verdadero ministro del nuevo pacto, es comisionado con el fin de servir en el área en el cual fue llamado

---

Habrá muchas cosas que hacer, eso no significa que usted fue llamado a hacerlo todo. Encuentre en el cuerpo su área de función, y fructifique allí. No trate de ser un riñón, cuando fue llamado a ser un pulmón. No se deje engañar, tratando de hacer, lo que no fue creado ni capacitado para hacer, no pierda el tiempo.

<div style="text-align: center;">Cada uno según el don que ha recibido, minístrelo a los otros, como buenos administradores de la multiforme gracia de Dios. Si alguno habla, hable conforme a las</div>

palabras de Dios; si alguno ministra, ministre conforme al poder que Dios da, para que en todo sea Dios glorificado por Jesucristo, a quien pertenecen la gloria y el imperio por los siglos de los siglos. Amén. 1 Pedro 4:10-11.

Aun el mismo señor Jesucristo, antes de empezar su ministerio, se aseguró de que viviría el resto de su vida, para hacer específicamente lo que había nacido, para hacer. No podemos cometer el error de hacer algo por competencia o capricho, porque eso no lo recompensara el señor. **Le dijo entonces Pilato: ¿Luego, eres tú rey? Respondió Jesús: Tú dices que yo soy rey. Yo para esto he nacido, y para esto he venido al mundo, para dar testimonio a la verdad. Todo aquel que es de la verdad, oye mi voz. Juan 18:37.** Seremos efectivos, fructíferos y peligrosos si nos enfocamos a vivir para lo que nacimos. Eso es caminar con identidad, a ese le teme satanás.

Cuándo se reúne a congregarse, es con el fin de que adore y cuando adoramos estamos ministrando a

Dios, y si ministramos a Dios la pregunta es, ¿cuál es la necesidad de Dios, que al adorarle estamos satisfaciendo? Sin dejar por fuera que, el Señor no necesita nuestra adoración para ser Dios, porque los ángeles día y noche le adoran, la creación tiene la capacidad de adorarle de acuerdo a la gloria en y conque fue creada. Entonces si es así, lo cual es, ¿cuál es la razón por la cuales ministramos o adoramos al Señor?

En este caso la necesidad del Señor, puede variar con cada persona puesto que cada una tienen un propósito diferente, por ende, creo que solamente hay que perderse en su presencia, pero ser encontrado con nuestro destino que nos llevara a salir del statu quo y nos llevara a ser verdaderos agentes de cambio. Sáquele provecho a la unción, ella es el carruaje de Dios que conecta al hombre con su destino eterno.

En el caso de los apóstoles, era transmitir y revelar sus planes a las mentes humanas, que involucraba directamente a Pablo y a Bernabé; para la necesidad del Dios eterno, concerniente a los gentiles, para que el evangelio pudiera ser expandido a todos ellos y nosotros alrededor del mundo. Cuando el Señor se le revelo al joven Samuel fue con el fin de contarle un problema que Él tenía con ciertas personas y la nación, que a su vez quiera que Samuel lo empezara a solucionar. La verdadera adoración y los verdaderos adoradores, siempre reciben la revelación de las cosas terrenales que molestan a Dios y que El desea solucionar, ¿Estas disponible?

Adorar al Señor es ponerse a su disposición

Ya no adore para sentirse bien o porque alguien le motiva o porque hay música rápida o lenta, sino por el propósito original detrás de la adoración. Adore para que los planes del Dios todopoderoso, se les sean revelados, para que así sea usted el agente, que por el Espíritu Santo, cambie la vida de miles de corazones. Ese ha sido el gran propósito del cielo a lo largo de la historia, cuando se le reveló a Samuel, David, Pablo, Pedro, Isaías, Jeremías, todo lo hizo con el propósito de que ellos ministraran su necesidad personal, que era producir cambios en las áreas donde fueron llamados. A todos se les mostro el problema que ellos en sus tiempos habían sido creados para solucionar. Por eso creemos que una persona que no es adoradora vive con un espíritu insensible a las necesidades del cielo concernientes a los planes, deseos, propósitos y voluntad de Dios para la tierra. Los más problemáticos y rebeldes son los que no saben o tienen tiempo para adorar al que todo lo puede.

La adoración refresca el alma y el espíritu y te reconecta a tu fuente eterna

La palabra satisfacer significa: Cumplir con... Hacer lo necesario para alguien no tenga falta de nada. Jesús dijo: **Mas la hora viene, y ahora es, cuando los verdaderos adoradores adorarán al Padre en espíritu y en verdad; porque también el Padre tales adoradores busca que le adoren. Juan 4:23.** Es por eso que el padre, anda en busca de este tipo de personas que andan con un espíritu diferentes, que tienen hambre de ver un cambio en la tierra, ellos cualifican porque su ADN dice nací para producir cambios. Adorar a Dios en espíritu, no significa que tenemos que reunirnos en un lugar específico, para levantar las manos, cantar, llorar, y tener un momento que dure solamente unos minutos. Absolutamente no, aunque eso es necesario hacerlo cada vez que nos reunimos, no es todo, hay más, pues adoramos y gracias a eso siempre quedara en nuestro espíritu la semilla de la responsabilidad, de trabajar en aquello para lo cual fuimos salvos. **Mas vosotros sois linaje escogido, real sacerdocio, nación santa, pueblo adquirido por Dios, para que anunciéis las virtudes de aquel que os llamó de las tinieblas a su luz admirable. 1 Pedro 2:9.**

Vivir bajo el pacto de gracia, no es para ser pasivos y perezosos, sino para que la libertad que tenemos en Cristo, la utilicemos para hacer la voluntad de Dios. Ya deje de hacer las cosas para sentirse bien, sino porque hay un propósito que producirá sus resultados. ¡No a los sentimientos y la religión! El reino de los cielos no es religión, sino producción, fuimos puestos para que llevemos fruto, no para vivir cantando. Nuestra espiritualidad, debe madurar y hacernos entender que el plan original es la productividad, pues hay una generación que perece. Creo que la iglesia en los Estados Unidos, esta pasiva, neutral y tranquila y cómoda y eso tiene que acabar.

La expresión, ministraban al Señor también es traducida como: Adoraban al Señor.

> Ya deje de hacer las cosas para sentirse bien, sino porque hay un propósito que producirá sus resultados

Entonces Jesús muestra la manera más alta de adoración, que es con nuestra propia vida, porque la palabra espíritu, originalmente se escribe pneuma, que significa soplo, o aire... Y hace referencia directamente al espíritu del ser humano, lo que realmente somos. Un espíritu que tiene un alma y habita en un cuerpo.

Entonces dice Jesús, que quienes realmente somos deben ser nuestro altar o lugar de adoración; por lo tanto, si esperamos a ir a los lugares de adoración a adorarán, no estamos viviendo a la altura de la expectativa de Dios. Yo adoro a Dios con mi propia vida porque he entendido que él vive en mí, siempre estamos juntos, comemos juntos, dormimos en la misma cama, miramos con los mismos ojos, etc. Entendiendo eso, llegamos entonces a la conclusión de que, yo le adoro en el templo y él me habla en la iglesia. A la reunión yo solamente voy a expresarle con mi cuerpo lo que en esencia soy y para eso no hacen faltas instrumentos ni motivación externa.

Somos un templo (donde mora el Espíritu Santo) y una iglesia (desde donde el Espíritu opera)

Otra vez le llevó el diablo a un monte muy alto, y le mostró todos los reinos del mundo y la gloria de ellos, Y le dijo: Todo esto te daré, si postrado me adorares. Entonces Jesús le dijo: Vete, Satanás, porque escrito está: Al Señor tu Dios adorarás, y a él sólo servirás. Mateo 4:8-10.

Cada vez que adoremos a Dios algo del cielo me vendrá a la tierra para que poco a poco, vayamos como embajadores trayendo la cultura del reino a la tierra.

La verdadera adoración provoca la manifestación de la voz de Dios, trayendo dirección en situaciones de la vida y ministerios. **Mas ahora traedme un tañedor. Y mientras el tañedor tocaba, la mano de Jehová vino sobre Eliseo, quien dijo: Así ha dicho Jehová: Haced en este valle muchos estanques. 2 reyes 3:15-16.** Cada vez que usted adora a Dios, con el conocimiento previo, su espíritu recibirá la bendición de escuchar su voz, dándole dirección. El reino no trata con encerrarse en cuatro paredes, hasta que se diga "nos despedimos de este lugar mas no de su presencia" absolutamente no, esto es cuestión de producción, pues el padre es glorificado cuando damos frutos. Contra eso satanás ha trabajado fuerte para impedirlo, desafíe ese diablito y haga lo que fue creado hacer. Muérase y viva para la gloria de Dios.

"Todo esto te daré si postrado me adorares". Mateo 4:9. Yo creo que, aunque esta propuesta fue hecha por Satanás, Dios en su soberanía nos estaba enseñando que la adoración siempre desata la bendición del cielo, conforme a la fe y la necesidad del adorador. Considere esto, y séalo a tiempo completo, para que no pierda su recompensa. Hasta el diablo, nos ensena lo que podemos usar en su contra, ¡alabado sea Dios! Aleluya.

Descubrimiento # 8

Dimensiones profundas y arma masiva para destruir lo aún no manifestado

Somos lámparas generacionales y atalayas de naciones

El que practica el pecado es del diablo; porque el diablo peca desde el principio. Para esto apareció el Hijo de Dios, para deshacer las obras del diablo. 1 Juan 3:8.

Porque las armas de nuestra milicia no son carnales, sino poderosas en Dios para la destrucción de fortalezas, derribando argumentos y toda altivez que se levanta contra el conocimiento de Dios, y llevando cautivo todo pensamiento a la obediencia a Cristo, y estando prontos para castigar toda desobediencia, cuando vuestra obediencia sea perfecta. 2 corintios 10:4-6.

La obra de Dios, no trata solamente de sanar, libertar y salvar, sino que desarrollemos la habilidad de ver desde lo eterno por el Espíritu, los ataques antes que lleguen y seguir la dirección del mismo Espíritu para que sean destruidas. Decía David: **Caerán a tu lado mil, Y diez mil a tu diestra; Mas a ti no llegará. Ciertamente con tus ojos mirarás, Y verás la recompensa de los impíos. Salmos 91:7-8.**

¿Recuerda usted al profeta Eliseo cuando le hizo la vida imposible al rey de Asiria y su ejército? **2 reyes 6:8-12 Tenía el rey de Siria guerra contra Israel, y consultando con sus siervos, dijo: En tal y tal lugar estará mi campamento. Y el varón de Dios envió a decir al rey de Israel: Mira que no pases por tal lugar, porque los sirios van allí. Entonces el rey de Israel envió a aquel lugar que el varón de Dios había dicho; y así lo hizo una y otra vez con el fin de cuidarse. Y el corazón del rey de Siria se turbó por esto; y llamando a sus siervos, les dijo: ¿No me declararéis vosotros quién de los nuestros es del rey de Israel? Entonces uno de los siervos dijo: No, rey señor mío, sino que el profeta Eliseo está en Israel, el cual declara al rey de Israel las palabras que tú hablas en tu cámara más secreta.**

Andar en los secretos y en el secreto con Dios, es conocer los planes ocultos del infierno y a los hombres mucho antes de que lleguen.

Jesús le dijo a Pedro: Dijo también el Señor: Simón, Simón, he aquí Satanás os ha pedido para zarandearos como a trigo; pero yo he rogado por ti, que tu fe no falte; y tú, una vez vuelto, confirma a tus hermanos. Lucas 22:31-32.
¿Por qué Jesús le dijo a Pedro que confirmara a sus hermanaos? Bueno, porque como el vio el ataque días o meses o semanas antes, pudo pelear esa batalla y vencerla a favor de él, después de todo eso el trabajo, del apóstol Pedro independiente de... era levantarse y seguir tratando y exhortando a sus hermanos, con su experiencia y el llamado.

He aquí precisamente donde muchos padres fallan y les complican el futuro a sus hijos porque ellos deben vivir en el Espíritu, para que libren todas sus batallas, pues de esa manera nuestros hijos no tendrán que verse en el dilema complicado de tener que pelear batallas que nosotros como padres deberíamos haber ganado a favor de ellos. La fe de Timoteo, fue una herencia de sus generaciones pasadas, y así como se puede dejar como herencia la fe, igual la duda, incredulidad, y las maldiciones de la pobreza, se les pueden dejar escritas en el testamento, de sus vidas. No dejes enemigos, para después mátalo a todos, sino mañana se van a vengar.

Dejaras buena herencia sembrando buenos valores

Esta obra maravillosa es una dimensión de guerra espiritual donde solamente, se podrá operar cuando se está totalmente muerto a lo carnal y el mundo. Jesús dijo alzad los ojos y mira, creo que ha llegado el tiempo de mirar más allá y percibir desde millas o días o semanas, lo que se aproxima. Eso es glorioso, pero si Satanás puede impedir que eso suceda no tendrá problema en provocar todo tipo de situaciones para desenfocar, distraer y cargar las personas con tantas cosas, así distraerlas y cegarlas. Si no puedes discernir esos ataques en contra tuya, ¿Cómo podrás hacerlo para los demás?

Creemos que si vamos a deshacer (Deshacer: romper descomponer, desorganizar una organización eliminando sus conexiones) las obras del diablo; entonces debemos saber que ni los demonios ni Satanás son poderosos, ellos ya fueron vencidos y exhibidos por Jesús al aire libre, para que la creación viera y testificará que ese débil enemigo está vencido, más lo que sí no debemos ignorar son sus maquinaciones; o sea lo único que Satanás tiene como armas son los planes que utiliza para engañar, seducir, etc. Sus palabras. Por eso Jesús dijo, si somos más fuertes o ágiles que él le podremos despojar de las armas en las cuales confía, pero ¿cuáles son esas armas?

Maquinaciones (Proyecto o asechanza artificiosa y oculta, dirigida regularmente a mal fin.)

Engaños (mentiras con apariencias de verdad)

Estratagemas (viene de la palabra Estrategia: enviar un ejército. Arte de dirigir las operaciones militares. Como cuando Josué conquistó Jericó)

Seducciones (persuadir suavemente para algo malo).

No solo tiene que ver con ir en contra de lo que ya naturalmente se conoce y ve, sino ver desde la perfecta eternidad lo que esté planeando el infierno y destruirlo desde mucho antes, para que no tenga chance y ni siquiera que se manifieste en el tiempo. Él depende de nuestra reacción, para crear una puerta. Eso es gobernar. El profeta **Amos dice: Porque no hará nada Jehová el Señor, sin que revele su secreto a sus siervos los profetas. 3:7.**

El profeta Isaías añade:

Que anuncio lo por venir desde el principio, y desde la antigüedad lo que aún no era hecho; que digo: Mi consejo permanecerá, y haré todo lo que quiero. Isaías 46:10.

El Señor Jesús confirma estas palabras diciendo acerca del Espíritu Santo lo que sigue en: **Juan 16: 13-14. Pero cuando venga el Espíritu de verdad, él os guiará a toda la verdad; porque no hablará por su propia cuenta, sino que hablará todo lo que oyere, y os hará saber las cosas que habrán**

de venir. El me glorificará; porque tomará de lo mío, y os lo hará saber. ¿Se fijó que Dios se glorifica cuando el revela las cosas mucho antes que sucedan? Yo declaro que la revelación del Espíritu, llega a usted en la medida de su entrega, para que pueda vivir sujeto a lo eterno y no esclavizado a lo natural, reciba la revelación de lo que ha de venir, Dios tiene un gran interés de mostrar y hablar de cosas como estas, él no tiene problemas en mostrarlo y hablarlo. Somos sus hijos.

La necesidad de profetas en este tiempo es sumamente esencial, porque nada sucederá sin que se lo revele a los profetas

---

Viendo todo esto, debo decirles a aquellos que cuando el Espíritu Santo le muestra o dice algo, muchas veces, porque en el momento no parece ni se refleja a lo que se les dijo, o por temor o por la bendita falta de confirmación, nunca hablan para apercibir a los demás. ¿Cuantos males hemos permitido? ¿Cuantos ataques pudimos evitar y no lo hicimos? Solamente porque estuvimos intimidados y comparando los momentos eternos, con las condiciones del tiempo natural. Si las ovejas oyen su voz y le siguen, ¿porque no le evitamos desastres y males a los demás? hablando cuando Dios nos manda, aunque no crean ni presten atención.

Cancelo la influencia del espíritu de temor en tu vida y declamaros amor, poder y dominio propio.

Descubrimiento # 9

Guerra de comida y casa

Someteos, pues, a Dios; resistid al diablo, y huirá de vosotros. Santiago 4:7.

Los espíritus se alimentan de todos pecados motivados por los malos motivos en la gente. Y cuando la gente para de alimentarlos sentirán la presión de los espíritus por el hambre y la debilidad del pecado que los ha dejado de alimentar.

Todo lo que deje de alimentar, se debilita y muere

Todo lo hizo hermoso en su tiempo; y ha puesto eternidad en el corazón de ellos, sin que alcance

el hombre a entender la obra que ha hecho Dios desde el principio hasta el fin. Eclesiastés 3:11. Satanás tentara con todo lo natural y carnal, con cosas que no tiene sentido de eternidad, para arrastrar al hombre a la desgracia del pecado y así tener acceso libre para destruirlo. Pues él sabe que Dios puso eternidad en nuestros corazones y nada natural podrá satisfacer la necesidad del corazón humano, así es que el siempre propone salidas naturales, como suplanto a la necesidad que solo Dios puede saciar, pero todo con el fin de alejarlos más de su creador, fortalecerse por medio del pecado, esclavizarlo y destruirlo a su antojo.

No busques respuestas naturales para traer soluciones espirituales, porque eso te guiara a una trampa

---

La palabra alimentar también puede traducirse como satisfacer: debido a que el la función del alimento es satisfacer una necesidad física, para el cumplimiento de un propósito.

La palabra alimentar quiere decir - Dar a comer y beber para crecer y subsistir.

Resistid al diablo y huirá de vosotros, ¿Por qué? porque los diablos se alimentan del pecado, y cuando se les deja de alimentar y se le resiste lo suficiente, no les queda de otra que irse, porque ya no hay nada que los retenga, alimente, y los satisfaga. Pues su comida es la inmundicia del pecado; y ellos sin eso se desnutren, y como no hay que los retenga en un lugar, tendrán que abandonar, por eso ellos usan las tentaciones, los engaños, la carne, él que uno no se niegue así mismo, los deseos de la vista, etc. Para que la personas sean seducidas y siguán alimentándolos, por ende, mientras más pequen las personas, más tiempo podrán quedarse, más engordan, más se fortalecen, más controlan, más triste son las personas, más deprimidas, y menos poder. Menos control y dominio propio puede ejercer sobre sus acciones, aunque lloren, lo prometan, y se alejen, solo será por un tiempo, porque a la larga siempre volverán por la fortaleza, que lo domina y no les deja hacer lo que ellos desean.

La falta de alimento creara un éxodo forzoso

Jesús les dijo a sus discípulos: **No hablaré ya mucho con vosotros; porque viene el príncipe de este mundo, y él nada tiene en mí. Juan 14:30.** En otras palabras, él no puede usar ningunas de sus armas en mí o contra mía y prosperar, porque en mí no hay nada que reaccione o responda a lo que intente, cuando me tienta. En mí no existen deseos malos, ocultos, que le dé acceso a ningún área de mi vida, yo soy libre y desnudo delante de Dios.

Nótese que las personas siempre dicen tener el control de las cosas que las controlan. La evidencia que no es así, es que siempre, aunque se alejan un tiempo, vuelven a caer. Pero Jesús siempre fue guiado por el Espíritu Santo y eso le ayudo a ser libre de todo lo que le diera derecho legal a Satanás, en su vida y ministerio.

Muchos les resisten por un tiempo y por eso sufren los estragos. Las desesperaciones, depresiones, ansiedades, y todo eso son presiones satánicas para hacerles ceder y así llevarlos a caer en lo mismo, satisfacer un momento y sentirse miserables. Entienda que ellos usarán y harán lo que sea y a los que estén disponibles, para que los alimenten con el pecado que los atraen para hacer de sus cuerpos una oficina de mando y control. Por eso dijo Jesús:

Cuando el espíritu inmundo sale del hombre, anda por lugares secos, buscando reposo; y no hallándolo, dice: Volveré a mi casa de donde salí. Y cuando llega, la halla barrida y adornada. Entonces va, y toma otros siete espíritus peores que él; y entrados, moran allí; y el postrer estado de aquel hombre viene a ser peor que el primero. Lucas 11:24-26.

Si recuerda el hombre murió por una comida que le ofreció el diablo, y vivió o puede volver a vivir de la comida que ofrece Dios. Cristo el pan de vida

Por eso tienes que resistir o ir contra los deseos de ellos, aunque se te altere el ritmo del corazón, porque sólo así podrás agradar a Dios.

El problema es cuando vemos algún avance, nos relajamos hasta el punto de descuidarnos, lo que igual es una trampa de ellos para poder volver a entrar, tomar el control y esclavizar. Cuando ellos ven ese relajamiento, regresan a tentar en las áreas donde ellos saben que no se le ha rendido a Dios, para tener acceso y allí poder morar.

Ellos necesitan un cuerpo (una casa) que los tenga que alimentar (con el pecado), hasta el punto de poseer las personas y controlar absolutamente el todo de ellas, de modo que pierdan el control total y absoluto de sus acciones o ciertas áreas en sus vidas, solo así Dios tiene que intervenir con violencia y por misericordia, a liberar tales personas. Estoy convencido que, en la mayoría de los casos, el dominio propio debe jugar un papel esencial, para ser libres de esos espíritus que las quieren controlar por medio de los vicios o lo que sea que estén utilizando en la vida de ellas. Usted debe identificar esas áreas no rendidas a Dios, y someterlas al gobierno del Espíritu Santo, para que podamos decir como dijo Jesús, Satanás nada tiene en mí.

Descubrimiento # 10

Destruyendo el espíritu de Goliat

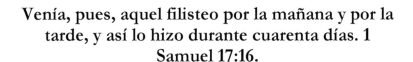

Venía, pues, aquel filisteo por la mañana y por la tarde, y así lo hizo durante cuarenta días. 1 Samuel 17:16.

Una de las maneras en la que el espíritu de Goliat opera o se manifiesta, oprimiendo las personas, es con dardos que lanza, desde que despiertan hasta volverse a acostar, mañana y tarde, para que las gentes vivan de acuerdos a esos pensamientos desde donde ese espíritu las pueda gobernar y esclavizar; dado a eso muchos andan amargados, otros tristes, preocupadas, deprimidas, temerosas, preocupadas, acobardados, lo cual es triste porque, son actitudes que no manifiesta por ninguna parte el carácter del hijo de Dios.

La ignorancia es un infiltrado, en la mente de los hijos de Dios, para mantenerlos esclavizado sin que ellos se den cuenta

---

Mas alábese en esto el que se hubiere de alabar: en entenderme y conocerme, que yo soy Jehová, que hago misericordia, juicio y justicia en la tierra; porque estas cosas quiero, dice Jehová. Jeremías 9:24.

¿Bueno ahora somos de hierro, no me puedo enojar todavía estamos en este cuerpo? El enojo es señal de pasión, cuando trata de los propósitos de Dios, por favor no lo confunda. Claro que pasaremos por las diferentes etapas en la vida, para que en el proceso de madurez el poder de Dios se perfeccione en nuestra debilidad, el problema es que nos recordamos mucho que somos polvo, esa pobre, carnal he inexcusable, declaración se ha convertido en una excusa para que más creyentes gelatinas, débiles y derrotados, se produzcan. Usted no es polvo, ni es un cuerpo, es espiritual. Por eso el apóstol Pablo declaro la siguiente palabra; **Pues aunque andamos en la carne, no militamos según la carne; porque las armas de nuestra milicia no son carnales, sino poderosas en Dios para la destrucción de fortalezas. 2 corintios 10:3-4.** O sea que, aunque andamos en la carne (aunque todavía estamos en el cuerpo) debemos entender que nuestras armas no son conforme a la naturaleza corrupta del polvo con que fuimos formados, es según el poder de Dios en quien dependemos, de acuerdo a nuestra nueva naturaleza en Cristo Jesús.

Somos un espíritu, que tiene un alma y que habita en un cuerpo. No somos un cuerpo, tenemos uno.
No lo olvides

A pelear se ha dicho. Satanás muchas veces que usted despierta, le tira dardos a su mente, pensamientos lejos de Dios le llegan a la mente, que cuando uno no lo resiste y declara la palabra, lo dominan todo el día, y usted en todo el día habla en base a eso, piensa más en eso y magnifica ese dardo que poco a poco, ira tomando control de su mente para controlar su día o días. En las mañanas algo sucede, una discusión, una pesadilla, una necesidad, una mala noticia, una enfermedad, pero todo con el fin de controlarlo. ¿Sabía usted que hoy hay personas que le sirven a Cristo y les da temor contestar el teléfono o dormir con las luces apagadas? Temprano en la mañana Goliat se le aparecía a la nación para infundirle dosis de temor e intimidación y según el relato eso lo hizo por espacio de cuarenta días.

Recuerde que el número cuarenta, representa aflicción, prueba y tribulación, y es así, precisamente como le quiere mantener esa entidad. Por eso Dios le dijo al guerrero de Josué: **Nunca se apartará de** tu boca este libro de la ley, sino que de día y de noche meditarás en él, para que guardes y hagas conforme a todo lo que en él está escrito; porque entonces harás prosperar tu camino, y todo te saldrá bien. Josué 1:8.

Resista al diablo, no dice sométase al diablo. Resístalo con la palabra de Dios, que debe salir de su boca como espada que corta y combate. No en su mente, sino hablada con su boca. Así lo hizo el Señor Jesús

---

Opresiones matutinas y vespertinas. Él quiere controlar su mañana y su tarde, es esa la razón por la que hay muchas personas que duermen, pero no descansan, porque los pensamientos que dominan su mente no le dejan descansar ni vivir en la paz y en el gozo del Señor, y a causa de eso la tristeza, depresión y amargura sus componentes dominantes. Hablan de Dios, pero están bajo opresión. Ellos hablan muy bien de Dios, pero su mente no le pertenece a él, renueve su mente con la palabra de Cristo de esa manera los demonios no tendrán chance contra usted. Dios quiere depositar su creatividad, sus ideas, sus planes, sus sueños, sus propósitos, su perfecta voluntad, en usted y eso los diablos lo saben y tienen temor de eso; por eso le quieren controlar su mente, sea libre en el nombre de Jesús y acuda a él. Jesús dijo: **Venid a mí todos los que estáis trabajados y cargados, y yo os haré descansar. Llevad mi yugo sobre vosotros, y aprended de mí, que soy manso y humilde de corazón; y hallaréis descanso para vuestras almas; porque mi yugo es fácil, y ligera mi carga. Mateo 11:28-30.**

Si ha estado pasando situaciones difíciles, y no ha podido sonreír sin fingir delante de los demás, y sabe que su mundo interno y a puerta cerrada es un caos, empiece a pedirle a Dios como hizo David. **"Vuélveme el gozo de tu salvación". Salmos 51:12.** Busque su liberación, pídale a Dios el día que su David aparezca para que sus días desagradables, terminen. Ese David puede ser su determinación y entrega; determínese hoy, ayune, ore, estudia la palabra, ejerza dominio propio. Renueve su mente, su derrota empieza cuando deja de obedecer, la palabra y descuida su entendimiento.

Ese espíritu de temor se va, usted hoy se determina a derribar ese gigante que ha creado una fortaleza en su mente. Con su alabanza su adoración y contradiciendo todo dardo, con la palabra de Dios. Y vera que empezaran a cambiar las cosas para que el cielo se abra a su favor, diga como decía David: **Este es el día que hizo Jehová; Nos gozaremos y alegraremos en él. Salmos 118:24.** Usted no es de los retrocede para perdición sino de los que cree y tiene fe para preservar su alma de toda opresión, la persistencia preserva. Usted es mas que vencedor, no se resigne ni se rinda, Dios está de su lado.

Si el gozo, la adoración y la alabanza aumentan, Dios transformara todas las cosas

Descanse en Dios, así le dice Jesús, él le quiere dar reposo, deje sus hijos en sus manos, su matrimonio, su finanza, ministerio, etc. Póngalo e sus manos y siga sus instrucciones. No permita que Goliat use en su contra, las cosas que debería dejar en las manos o al cuidado del Espíritu de Dios. No permita que Goliat oprima su vida, no permita que sus mañanas sea contaminada con el temor y sus tardes intimidadas, si Satanás no le puede matar le oprimirá para esclavizarlo y drenarle la vida. Este es final de esta jornada espero que sus ojos sean abiertos para que Satanás no saque ventaja de su vida, porque usted es sin duda más que vencedor. Es un hombre y mujer con un propósito poderoso de parte de Dios. Cuando Dios le creo, lo hizo porque tenía algo en mente que solamente usted puede hacer. Hágalo, Dios está con usted, más poderoso es el que esta con usted, que los que estén en contra. Entre en gozo de su Señor.

Descubrimiento # 11

Los cultos que menos se llenan

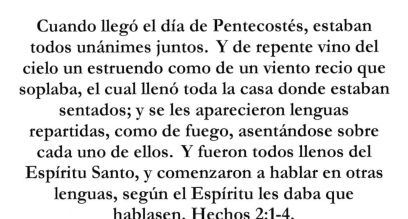

Cuando llegó el día de Pentecostés, estaban todos unánimes juntos. Y de repente vino del cielo un estruendo como de un viento recio que soplaba, el cual llenó toda la casa donde estaban sentados; y se les aparecieron lenguas repartidas, como de fuego, asentándose sobre cada uno de ellos. Y fueron todos llenos del Espíritu Santo, y comenzaron a hablar en otras lenguas, según el Espíritu les daba que hablasen. Hechos 2:1-4.

Un ministerio que no tiene oración corporativa tiene sus cimientos débiles. Carece de revelación, de vida, de poder, unción y de la lluvia del cielo, etc. Es como dice la palabra tienen fama de que están vivo, pero que en el mundo espiritual se sabe que están muertos.

La bendición de derramamiento en el día de pentecostés llego, sobre los ciento veinte, porque ellos estaban reunidos, dice el verso uno que estaban Unánimes – Juntos. La palabra **Unánimes**: Viene de la raíz, **uno**, que presenta un cuadro fenomenal al saber que el número de personas presentes eran de 120, pero porque tenían todos el mismo parecer, de sentimiento, voluntad o concorde; en otras palabras, diríamos que todo su ser era un solo hombre, ninguno oraba por algo que le parecía fuera importante para Él. No ellos estaban muertos, y lo que salía de sus bocas eran las mismas palabras, y el resultado fue, que, a todos Dios, les concedió la misma promesa, en la misma medida. ¿Glorioso verdad? Lo que nos muestra aquí es que la unidad va más allá de un conjunto de personas reunidas en un mismo lugar o el pequeño o gran número de ellas ¡no! eso es solo estar reunidos, pero no significa nada. Puede haber muchos reunidos en cierto lugar, pero en total desacuerdo, como podemos ver hoy. La unidad trata con una actitud interna en el corazón, es una obra del Espíritu Santo que los voluntarios abrazan para que se cumplan los planes divinos; como en este caso la promesa profetizada por el profeta Joel, acerca del derramamiento del Espíritu Santo a todos aquellos que habían vuelto a nacer. El numero no significa nada, para Dios, si no hay un buen acorde. Uno significa que el dos, tiene que morir. Significa que ninguna petición es la mas importante, sino la de Dios que hacemos nuestro enfoque y esa bendice la mía.

Por otro lado, vemos la palabra **Juntos:** Que significa estar reunidos físicamente en un mismo lugar. Este adjetivo trata no con una unión emocional, espiritual, etc. Sino más bien con un asunto físico, como dos bueyes que llevan un yugo en camino hacia el mismo lugar o unos cónyuges que conviven en una misma casa. Los dos bueyes aran hacia el mismo lugar, no porque estén de acuerdo sino porque se les ha atado juntos y no les queda de otra que someterse al que los somete a la fuerza. O los dos conyugues pueden estar conviviendo juntos, eso no significa que dentro de esas paredes hay perfecta armonía, eso puede significar en algunos casos un compromiso forzoso, por los niños, una herencia, una casa, etc. Pero eso a la verdad no significa nada, eso lo hacen aun los animales.

La diferencia de estar unánimes y juntos, es que estar unánimes, es una obra que inicia el Espíritu Santo, que cuando la abrazan los creyentes se hace difícil de deshacer; pues cordón de tres dobleces no se rompe pronto. Y juntos es una actitud que los hombres deciden, y que se puede deshacer. Para la segunda el esfuerzo no es mucho, pero para la primera el esfuerzo será mucho mayor, porque tratar de crear ese tipo de unidad, la humildad, muerte al yo, la negación a la búsqueda de gloria personal deberá ser extinguida primero, para que después se pueda ver la gloria de Dios.

El estar juntos, toma valor cuando la unanimidad toma su lugar por la obra del Espíritu de Cristo

Ahora bien, Satanás no tiene problema que los creyentes asistan a los cultos regulares, aunque aun así tratara de evitarlo, pero si no lo consigue hará lo necesario para evitar que asistan a los cultos o reuniones de oración, allí es donde realmente se ven quienes son los verdaderos, ese es el centro del evangelio mostrar el amor hacia Dios a los hermanos y prójimos cuando asisten a los cultos de oraciones, porque es allí donde se clama por los perdidos, enfermos, necesidades de los creyentes, es allí donde se dan los milagros de toda clase, donde la iglesia recibe la revelación, donde se mantienen los ojos del espíritu alerta para discernir los engaños, artimañas y ataques del diablo, donde Dios da dirección he instrucción para el desarrollo del ministerio, donde crea lazos de perfecta unidad, bendición a los hogares, y más. Satanás sabe que cuando los creyentes se unen en los cultos de oración las promesas de Dios para la iglesia local y familias son derramadas como lo fue con el Espíritu Santo, eso lo trata de evitar, por eso son los cultos que menos se llenan.

¡Mirad cuán bueno y cuán delicioso es Habitar los hermanos juntos en armonía! Es como el buen óleo sobre la cabeza, El cual desciende sobre la barba, La barba de Aarón,

Y baja hasta el borde de sus vestiduras; Como el rocío de Hermón,
Que desciende sobre los montes de Sion;
Porque allí envía Jehová bendición,
Y vida eterna. Salmos 133:1-3.

Es en los cultos de oración, donde las finanzas de la iglesia son bendecidas, donde se crean las atmosferas para que cuando las personas lleguen sean transformadas y no entretenidas. Donde se clama para que lo imposible, desaparezca y lo posible tome su lugar, donde el cielo desciende a la tierra para realizar la labor gloriosa y milagrosa a favor de los santos. Veamos un ejemplo.

Hechos 12: 3-5,7. Y viendo que esto había agradado a los judíos, procedió a prender también a Pedro. Eran entonces los días de los panes sin levadura. Y habiéndole tomado preso, le puso en la cárcel, entregándole a cuatro grupos de cuatro soldados cada uno, para que le custodiasen; y se proponía sacarle al pueblo después de la pascua. Así que Pedro estaba custodiado en la cárcel; pero la iglesia hacía sin cesar oración a Dios por él. Y he aquí que se presentó un ángel del Señor, y una luz resplandeció en la cárcel; y tocando a Pedro en el costado, le despertó, diciendo: Levántate

pronto. Y las cadenas se le cayeron de las manos.

El milagro de la liberación de Pedro se dio porque los hermanos estaban en el mismo sentir, y unánimes juntos, oraban sin vuelta atrás, hasta que Dios realizo el milagro. Ahora ¿imagine si la iglesia estuviera llena de división o cada quien estuvieran en sus hogares orando y esperando que Dios le cumpliera sus deseos personales? Entienda que no digo que está mal orar por lo personal, pero enfatizo que la oración en unidad congregacional, como hermanos tienen el poder para desatar la fe necearía para que lo que para los hombres es imposible sea realizado por el poder Dios. Crea que Satanás evitara esto, entreteniéndole en casa con la novela, quehaceres, y otras cosas que no edifican, es en la congragación donde Dios derrama su bendición y vida eterna dice el salmo, no es en casa. Los cultos de domingos, jamás fueran tan bendecidos si los días de oración entre semanas, no fueran efectivos. A usted le conviene, estar en eso cultos porque no sabe cuándo Dios le sorprenderá y le dará una palabra que le transforme una noche entera pescando sin ver resultados, a una mañana gloriosa que le transformará su escases en abundancia para siempre. Desarrolle el hábito de estar donde Dios esta.

Regularmente los que no hacen aprecio de la presencia de Dios, son los que no sacrifican nada para dedicarse a la oración. La oración es un arte, ámela

---

Cuando lo supo Saúl, envió otros mensajeros, los cuales también profetizaron. Y Saúl volvió a enviar mensajeros por tercera vez, y ellos también profetizaron. Entonces él mismo fue a Ramá; y llegando al gran pozo que está en Secú, preguntó diciendo: ¿Dónde están Samuel y David? Y uno respondió: He aquí están en Naiot en Ramá. Y fue a Naiot en Ramá; y también vino sobre él el Espíritu de Dios, y siguió andando y profetizando hasta que llegó a Naiot en Ramá. Y él también se despojó de sus vestidos, y profetizó igualmente delante de Samuel, y estuvo desnudo todo aquel día y toda aquella noche. De aquí se dijo: ¿También Saúl entre los profetas? 1samuel 19:21-24.

Nótese la atmosfera en la que andaba Saúl y los hombres que envió para capturar y matar al rey David, estaban endemoniados, cegados por espíritus de homicidio, de celos crónicos, pero al entrar en una atmosfera de oración su corazón fue mudado, y se despojaron de sus vestidos, lo que significa que ya no tenía nada que cubriera su pecado su desnudes, y su vergüenza, porque entro donde estaba Dios.

Desarrolle el hábito de estar donde Dios esta

Al orar congregacionalmente Dios no permite que Satanás penetre ni introduzca doctrinas falsas, y cuando lleguen gentes a esos ministerios a ministrar y lleven agendas ocultas esa presencia de Dios que habita entre su pueblo lo hará manifiesto y hará lo que sea necesarios para guardar sus hijos y manifestar lo oculto. Dios siempre honrara esos ministerios y se encargara de proteger esa atmosfera donde Él se regocija con sus niños. Allí nunca hacen falta la manifestación de los dones del Espíritu, el fruto del Espíritu y la manifestación del poder de Dios. Esos ministerios crean cambios significativos y juegan un papel importante en los planes del reino para las naciones.

Pero lastimosamente esos son los cultos donde menos gentes asisten

Satanás sabe muy bien que la parte más importante de los cultos son los que las personas casi no asisten, los de oración e intercesión, porque gracias a lo que sucede esos días, los domingos y los otros días de cultos son bendecidos y lleno de gloria, gracia, revelación y derramamiento de vida eterna. Resista al diablo, no sea dominguero así nunca crecerá, no sea un enano espiritual, aproveche cada oportunidad para estar donde Dios está, especialmente cuando está el llamado de su líder, a la oración corporativa. Escuche esta promesa gloriosa: **Otra vez os digo, que si dos de vosotros se pusieren de acuerdo en la tierra acerca de cualquier cosa que pidieren, les será hecho por mi Padre que está en los cielos. Porque donde están dos o tres congregados en mi nombre, allí estoy en medio de ellos. Mateo 18:19-20.**

Por eso y otras cosas mas es necesario asistir, su casa, familiares, vecinos, desconocidos, etc. Dependen de ello. **Y busqué entre ellos hombre que hiciese vallado y que se pusiese en la brecha delante de mí, a favor de la tierra, para que yo no la destruyese; y no lo hallé. Por tanto, derramé sobre ellos mi ira; con el ardor de mi ira los consumí; hice volver el camino de ellos sobre su propia cabeza, dice Jehová el Señor. Ezequiel 22:30-31.**

Descubrimiento # 12

Conociendo tu adversario

Efesios 6:10-13. Por lo demás, hermanos míos, fortaleceos en el Señor, y en el poder de su fuerza. Vestíos de toda la armadura de Dios, para que podáis estar firmes contra las asechanzas del diablo. Porque no tenemos lucha contra sangre y carne, sino contra principados, contra potestades, contra los gobernadores de las tinieblas de este siglo, contra huestes espirituales de maldad en las regiones celestes. Por tanto, tomad toda la armadura de Dios, para que podáis resistir en el día malo, y habiendo acabado todo, estar firmes.

Firmes: Entero constante que no se deja dominar. Que no vacila.
Dominio: Poder que se ejerce sobre una persona

(con el fin de esclavizarnos, para destruirnos, en este sentido).

Por eso Dios nos llama a fortalecernos en su presencia (en el poder de su fuerza), y por eso Satanás trata no mantenernos ocupados, para que no se dé, y así poder ganar terreno sobre nosotros, para dominarnos y controlarnos a su antojo. **Romanos 6:16. ¿No sabéis que si os sometéis a alguien como esclavos para obedecerle, sois esclavos de aquel a quien obedecéis, sea del pecado para muerte, o sea de la obediencia para justicia?**

Y el apóstol Santiago añade;

Someteos, pues, a Dios; resistid al diablo, y huirá de vosotros. Santiago 4:7.

Pablo dijo; fortaleceos: que significa apoderarse. Lo que quiere decir es que no será fácil, habrá batallas externas e internas con el fin de mantenernos en un estado natural o carnal, es por eso, no se le hace fácil ir a la iglesia, diezmar, evangelizar, dejar de pecar, etc. porque así lo quiere mantener Satanás, para esclavizarlo. **Digo, pues: Andad en el Espíritu, y no satisfagáis los deseos de la carne. Porque el deseo de la carne es contra el Espíritu, y el del Espíritu es contra la carne; y éstos se oponen entre sí, para que no hagáis lo que quisiereis. Gálatas 5:16-17.** Es tiempo de rebelarse contra ese diablo. Dile no a la pasividad.

Él sabe que no basta con ir a la iglesia o tener años de haber aceptado a Cristo, él tratara de detener su nuevo nacimiento, porque tiene planes con tu alma, él no tiene problema en mantenerte viviendo en pecado y hacerte creer que todo está bien. El utiliza el engaño para lograr sus propósitos, más si no nos llenamos del Espíritu del Santo (lo que significa es que debemos ser guiados de Él, en todo tiempo) diariamente, no podremos discernir ni mucho menos resistir, cuando se levanté contra nosotros. ¿Porque debemos fortalecernos si queremos perseverar hasta el fin y en el proceso vivir separado del mal como el Señor? Por causa de las constantes batallas que se libran diariamente, Jesús dijo: **Lucas 11:21-22. Cuando el hombre fuerte armado guarda su palacio, en paz está lo que posee. Pero cuando viene otro más fuerte que él y le vence, le quita todas sus armas en que confiaba, y reparte el botín.**

(Fuerte: que tiene y pone gran resistencia. Que es de carácter firme e inquebrantable). El propósito de Satanás con todo ataque es quebrantar nuestra fortaleza espiritual, para llevar a dominar y esclavizar por medio de fortalezas, utilizando argumentos en las mentes, y ese proceso empieza cuando rehúsas el vestirte y fortalecerte en el Señor. Lo que quiere decir, es que cuando descuidamos nuestra disciplina devocional diaria, el poco a poco va provocando cosas, para ir ganando terreno. Cuidado. Por eso Pablo dice así: **Efesios 5:18. "Sed llenos del Espíritu"**

Esto significa total dependencia de Dios y de su poder para asegurarnos la victoria en la batalla al revestirnos de Él. Jesús dijo: **Mateo 6:6. Mas tú, cuando ores, entra en tu aposento, y cerrada la puerta, ora a tu Padre que está en secreto; y tu Padre que ve en lo secreto te recompensará en público.** No se podrán disfrutar victorias públicas si no se han ganado batallas en privado. Si eso no sucede, si no nos armamos de ese pensamiento, sucederá que; **"Vuestros sentidos sean de alguna manera extraviados de la sincera fidelidad a Cristo." 2 corintios 11:3.**

Si tratas de vestirte de Dios en medio del combate, serás derrotado y se te arrebatara la victoria que Cristo te dio desde la cruz en el Gólgota

---

"Tomad toda la armadura de Dios, para que podáis resistir en el día malo, y habiendo acabado todo, estar firmes". Efesios 6:13.

Para que podamos estar inconmovibles, debemos vestirnos de Dios y resistir o ir en contra de todo lo que intente hacer Satanás y sus demonios, que vendrán con apariencia muchas veces de hombres; por eso dice el verso, que nuestra lucha no es contra sangre y carne, sino que son seres humanos, bajo el dominio demoniaco que se levantaran contra los escogidos para hacerles caer en la trampa de la tentación. Aunque los demonios usen hombres para cumplir sus propósitos, debemos recordar que el asunto es con lo que los controla.

¿Cuáles serían esos días malos? Son días de angustia, dolor, tribulación, tragedias, turbulencias, perdidas, de vientos contrarios, donde tendremos que definirnos y asegurar el corazón en la seguridad de lo eterno; y creer, que, en los momentos, en los que Dios como que se hace ausente y hace más falta que en otro tiempo, Él está allí y no nos dará carga que no podamos cargar. Esos momentos o días malos, usted lo determinara pues lo que para unos es una prueba, para otros son escalones, todo depende de tu estado de madures y mentalidad. Como lo expreso el apóstol Pablo en:

2 corintios 10:13. No os ha sobrevenido ninguna tentación que no sea humana; pero fiel es Dios, que no os dejará ser tentados más de lo que podéis resistir, sino que dará también juntamente con la tentación la salida, para que podáis soportar.

Lamentablemente es en esos momentos donde muchos caen, de la gracia desertan y se vuelven apostatas, porque no están esperando que haya oposiciones, cuando lo que en realidad debemos entender es que hay un enemigo, llamado Satanás (por si acaso se les olvido su nombre), que no sufrirá la pérdida de un alma así de fácil, y lo celebrara. Jesús dijo:

Cuando el espíritu inmundo sale del hombre, anda por lugares secos, buscando reposo; y no hallándolo, dice: Volveré a mi casa de donde salí. Y cuando llega, la halla barrida y adornada. Entonces va, y toma otros siete espíritus peores que él; y entrados, moran allí; y el postrer estado de aquel hombre viene a ser peor que el primero. Lucas 11:24-26. El apóstol Pablo añade: confirmando los ánimos de los discípulos, exhortándoles a que permaneciesen en la fe, y diciéndoles: **Es necesario que a través de muchas tribulaciones entremos en el reino de Dios. Hechos 14:22.**

Todo está dicho de antemano y es con el fin de que los hijos atacados mantengan la mirada en el galardón y no en el proceso. **Pues tengo por cierto que las aflicciones del tiempo presente no son comparables con la gloria venidera que en nosotros ha de manifestarse. Romanos 8:18.** Conociendo esto debemos estar firme y resistir toda tentación y entender que, aunque se levanten personas nuestra lucha no es contra ellas sino contra los espíritus en lo cual están cautivos. Así es que armémonos, de este pensamiento, la gloria que se manifestará será mayor que las tribulaciones presentes, el Señor será nuestro galardón. Resiste y sonríe.

Satanás es astuto, levantará hombres contra nosotros, y en ocasiones parecerá que realmente son ellos, pero si desarrollamos el discernimiento de espíritus, no perderemos tiempo peleando las batallas equivocadas

---

Este firme, inmovible, y no permita que satanás lo reduzca de su posición a la condición donde Él lo quiere tener para esclavizarlo. Satanás tratara de moverlo de posición para que pierda autoridad sobre él, pero si le resiste él se debilita. Recuerde resistid al diablo y huira de vosotros. Vístase absolutamente de Dios, y manténgase alerta porque de cierto de cierto, le digo que vendrán días difíciles, y opresiones mayores que solamente podrán soportar los que vistan y vivan para Dios.

Descubrimiento # 13

Sierra la puerta evitaras distracciones (1era parte)

Mas tú, cuando ores, entra en tu aposento, y cerrada la puerta, ora a tu Padre que está en secreto; y tu Padre que ve en lo secreto te recompensará en público. Mateo 6:6.

Tu mente, sufre distracciones silenciosas, viajes indeseados y pensamientos que nunca fueron invitados aparecen en los momentos de oración. Si no puede Satanás evitar que ores, hará lo que puedas para distraerte en la oración. ¡Alerta Satanás es sutil!

En este descubrimiento trataremos de cerca, con las palabras sutil y astucia, porque Satanás utiliza mucho esas estrategias para filtrarse donde no se le ha invitado para crear distracción y desenfoque. Debido a eso lamentablemente son poquísimos los que se dan cuenta, cómo y cuándo se filtran, solamente se sabe las batallas que se tiene a la hora de orar, batallas que algunas veces se hacen insoportables, tan insoportables que muchos simplemente desistes y paran de orar. El propósito de la insistencia satánica es el quebrantar la voluntad.

> El infierno no le teme a la oración sino a aquello que la aman y la ejercen

Empecemos definiendo la palabra sutil y astucia.

Sutil: El origen de esta palabra; designaba del hilo más fino de un tejido que pasa desapercibido, por su fineza y delicadez. Lo sutil se diferencia de lo evidente o palpable, y se asemeja a lo sugerido o implícito. Es la facultad para discurrir o inventar con prontitud y facilidad. Que es fino y muy delicado.

Astucia: Astuto, agudo, hábil para la trampa o el engaño. Que tiene capacidad para lograr un fin de manera artificiosa. (Disimulo, cautela, doblez). Habilidad para engañar. Diestro (hábil, experto en una actividad).

Estás son solo algunas de las palabras en la que podemos tener la luz y conocimiento de cómo piensa y actúa satanás contra los hijos de Dios. Quiero traer esto con toda la claridad posible, para que gracia al conocimiento de la palabra de Dios y las definiciones de las expresiones que constantemente utiliza el Espíritu Santo, para que obtuviéramos la revelación del enemigo al cual tenemos que resistir. Creo que mientras mejor conozca cómo piensa y opera ese diablo mejor podremos prepararnos para la batalla y seguir en la obra de la culminación de la voluntad y propósito de Dios. Enemigo desconocido, enemigo invisible. Todo lo que se desconozca, aunque sea real y exista, se mantendrá invisible. El conocimiento trae a luz, lo que está pero que la ignorancia tenía escondido. El conocimiento y sabiduría son los tesoros del Reino de Dios, por eso satanás te quiere mantener y te necesita ignorante. Edúcate

"Porque el mandamiento es lámpara, y la enseñanza es luz". Proverbios 6:23.

El conocimiento trae a la luz lo que no se conocía, y una vez que veamos acercarse el enemigo, sin lugar a duda podremos derribarle y cortarle la cabeza, para traer liberación. Porque solo así tendremos la autoridad de gobernar como Dios manda desde la intimidad en la oración. Y conforme el mandato apostólico, así escribo, para equipar el pueblo de Dios con todo lo necesario (el conocimiento te da ventaja) para que no desconozcamos las maquinaciones (maquinaciones: Proyecto o asechanza artificiosa y oculta, dirigida regularmente a mal fin) del diablo.

Prosigamos a ver de acuerdo a las definiciones de estas palabras como satanás y sus demonios tratan de estorbar, distraer y desenfocarnos de los momentos de oración en la presencia de Dios.

El conocimiento sano se transforma en discernimiento

Pero debo antes de continuar decirle: que sin la palabra de Dios morando en abundancia en nosotros jamás podremos identificar, discernir o descubrir por cual área trata de introducir el malo sus malas semillas. De acuerdo a la definición de la palabra sutil (facultad para discurrir o inventar con prontitud y facilidad. Que es fino y muy delicado) debemos entender que estamos enfrentando un enemigo que podríamos decir que piensa a la velocidad de la luz, es un espíritu, es ágil, rápido para inventar distracciones, desenfoque. Él sabe que si no puede evitar que usted ore, podrá evitar que entre a la presencia de Dios, porque donde este su mente estará quien es usted, y debido a eso él se encargara de provocar distracciones tan finas que si no se tiene un genuino deseo de agradar a Dios, no se podrá discernir si lo que está en su mente es con fines satánicos o no. Por eso usted conoce personas que se postran y oran y oran, pero nunca avanzan, sus vidas no reflejan las marcar ni los frutos de un hombre y mujer de oración. Y mientras más "oran" peor se ponen, son las más tristes, miserables, débiles, lógicos, contenciosas, amargados, sentimentales he infructíferos. No pueden obedecer lo que esta escrito, porque no se entregaron a la verdadera oración.

El sueño espiritual se convierte en un campo fértil para que el maligno siembre sus malas semillas

---

Entienda que la verdadera oración es la que trabaja desde adentro hacia fuera, en otras palabras, antes que la gloria de la oración impacte por fuera, debe hacer una obrar con un bisturí dentro cortando todo aquello en nosotros que opaque la imagen de su hijo.

Dios no solamente prometió restaurar el tabernáculo de David; sino el templo del Espíritu Santo, y como Satanás no le dejara ser libre así por así, hará todo cuanto esté en su poder con miles de años de experiencia para mantenerle engañado. Especialmente cuando anda por sentimiento y no por fe.

También usara de sus astucias lo cual significa; Que tiene capacidad para lograr un fin de manera artificiosa. Lo que quiere decir es que Él, y su sequito de demonios con el tiempo han llegado a desarrollar la capacidad de engañar las personas. Lo planea todo, desde que una persona está durmiendo, como y cuando hacerle caer artificiosamente con cosas que aparentan provenir de la piedad, pero que en realidad no, cuando eso sucede es porque desea matar la relación entre Dios y la persona. Ahora entienda esto, no tratara con personas que con mucha facilidad se dan por vencido, solamente trabaja arduamente contra esas personas que están estorbando su obra y son efectivas porque sus oraciones son eficaces. Gente que no se rinden antes ataques, que no se hieren por cualquier tontería, ¡no! es contra aquellos que tienen el pecho de hierro, que han hecho un pacto de amor con Dios y se han apartado del mundo y sus placeres separándose solamente para Dios y sus propósitos eternos.

Contra esos, satanás tratara de utilizar artificios con el fin de que se cumpla su propósito, porque esas personas son extremadamente fructíferas, peligrosas y viven solamente para Dios. Ellos han dedicado sus vidas para deshacer las obras del diablo, para este grupo el planea que hacer para detenerlos y sacarlo de su paso. Muchas personas se convierten en sus propios enemigos, debido a las decisiones que constantemente toman, a ellos los demonios no tienen que atacarlos, solo procuran que sus mentes no sean renovadas para que sigan siendo víctimas de sus malas decisiones. A los que en realidad el infierno ataca es a los santificados que son imitadores de Jesucristo. Si no le estas estorbando su reino, no tiene razón para perder tiempo contigo

Si usted es de los que oran en el camino al trabajo y no se separa en un lugar preparado solamente para Dios, usted le grita a Dios desde la ventana, usted no es una amenaza, por el contrario. Su vida está en una balanza; y nunca ha experimentado entrar en su cámara secreta; es solo allí donde se dan las semillas que cambian y han cambiado el mundo. ¿Quiere usted cambiar el mundo? Resista al diablo, y sea responsable en su caminar con el Señor. No dé más lugar al diablo, tenga misericordia de usted. ¡Por Dios hágalo ya!

Descubrimiento # 14

Sierra la puerta evitaras distracciones (2da parte)

Mas tú, cuando ores, entra en tu aposento, y cerrada la puerta, ora a tu Padre que está en secreto; y tu Padre que ve en lo secreto te recompensará en público. Mateo 6:6.

Sin comunicación no puede haber relación y sin relación no puede haber buena comunicación. ¿Sabía usted eso? Pues si no lo sabe apréndaselo y memorícelo, porque Satanás lo sabe muy bien, por eso el hace todo por evitar que usted llegue a tener buena comunicación con su Padre, Dios quiere tener dialogo con sus hijos. En esta segunda parte vamos a ver la definición de estas dos palabras muy importantes, que al igual que las otras dos utiliza satanás a la hora de la oración, como ya dije, si él no puede evitar que ore, tratara de evitar que entre a la presencia del rey, así es que alerta. Definamos la palabra; artimaña.

El llamado a puerta cerrada trata con relaciones que detrás bastidores crean lazos más profundos Mientras mejor lo conozco mejor nos llevamos

---

Artimaña: Está compuesta de dos palabras, la una es **Arte** y la otra **Maña.**

Arte: Viene del latín artis, y se refiere a una obra o trabajo que se expresa con mucha creatividad. Esta palabra nace de un artista que crea algo de su intelecto. Su obra sale de su inspiración y no tiene que obedecer ninguna regla.

Maña: Palabra que nace de un latín vulgar, "manía" (habilidad manual) compuesta de manus (manos, como de manipular). Destreza o habilidad, de malas costumbres. Engaño muy hábil.

Permítame formularle esta pregunta ¿Por qué relaciono todo esto solamente con referencia a la oración? Sencillo, porque el Señor Jesús dijo: **Velad y orad, para que no entréis en tentación; el espíritu a la verdad está dispuesto, pero la carne**

es débil. Mateo 26:41. A veces se está esperando la tentación cuando se está de pie, lo que debemos saber es que aun cuando oramos, satanás pueden tentar para que no sea uno efectivo. Por esto digo que la oración es una de las fortalezas más importante del creyente, pues es desde allí, donde el Espíritu Santo fortalece nuestro dominio propio, transmitiéndonos la naturaleza y fortaleza del Cristo, para que como el, resistió y venció nosotros también resistamos y venzamos. Pero debo decir, que, si Satanás logra destruir esa fortaleza, con tonteras externas que no tienen importancia, el principio de la oración será echado de menos, y el pecado tomará lugar para cultivar nuestra alma débil y darle la forma que quiera. Una persona no empieza a pecar con el robo, fornicación, etc. Sino con la falta de consagración y en este caso la oración, por eso el, está trabajando inagotablemente para entretener el pueblo de Dios con las cosas de este mundo, que no agradan a Dios, tales como la fiebre de ver televisión, el internet y el fb, que para muchos se ha convertido en un ídolo y una adicción cibernética, los pleitos, el amor hacia el dinero, etc. Y así estarán tan entretenidos que no tendrán tiempo para orar. Eso sin dejar por fuera los que trabajadores compulsivos, que no pueden orar, gracias al sueño y el cansancio. No creo que valga la pena, llamarse hijo de Dios sin practicar la oración.

El dejar de orar, es la señal de la consumación de un maligno plan. Nada pasara de la noche a la mañana, todo está fríamente calculado. Cimientos débiles, edificio al suelo. ¡Alerta!

Satanás es hábil para engañar, usa sus artes artificiosas para salirse con la suya y cortar la rama de la vid verdadera, interrumpiendo su relación con Dios que empieza por medio de la comunicación. Sepa que Dios no quiere que usted hable con él, ni tan solo de él, sino que tenga comunión íntima con él, (un dialogo intimo) para prepararlo con todas las instrucciones necesarias, y poder llevar a cabo la obra que nos dejó el Señor Jesucristo, que consiste en deshacer las obras del mismo diablo. **"Porque el diablo peca desde el principio. Para esto apareció el Hijo de Dios, para deshacer las obras del diablo" 1 juan 3:8.**

Si usted no se aferra a Dios como su único amor, su fuente, su todo, será desconectado de él, y eso puede resultarle peligroso. Desconéctese de todo lo natural, que desagrade a Dios y vera que Satanás no tendrá chance con usted, será atacado, tentado, perseguido, atribulado, pero no derrotado porque su fuente lo protegerá de todo mal, y al final todo obrara para bien. Entienda no estoy diciendo los ataques desaparecerán, sino que si se somete a Dios podrá resistir y pararse firme contra las asechanzas del diablo. Ya no permita que esos sucios espíritus, manipulen su vida de oración, si no está provocando cambios por medio de su oración, algo no está funcionando de acuerdo propósito original por lo cual debemos orar.

La comunicación es la mayor dimensión de relación. Cultiva tu relación con su majestad. Dios.

La oración es un medio provisto por Dios para provocar cambios en el mundo espiritual, que se manifestaran en nuestro mundo físico

---

Dedicatoria

Esta obra la dedico a mi amigo maravilloso, el Espíritu Santo, por su paciencia, pasión, sabiduría, conocimiento y amor. Gracias Espíritu Santo de Dios.

Y a mí preciosa esposa la Vane. La chichi Salome y la princess Ángel que son las que siempre permanecen y me soportan las largas horas en que trabajo en mis proyectos. Las amo mucho.

La hermana Gloria, mi hija. Mi otra hija Anneth. Mi quería hija la hermana lucia y mi querido Armando. Esa gente, son muy especial para mi familia.

Made in the USA
Columbia, SC
03 February 2020